다시 쓰는

원 포인트
통합교육

도서출판 꿈미는 가정과 교회가 연합하여 다음세대를 일으키는 대안적 크리스천 교육기관인
사단법인 꿈이있는미래의 사역을 돕기 위해 월간지와 교재, 각종 도서를 출간합니다.

다시 쓰는 원 포인트 통합교육

초판 1쇄 발행 2024년 4월 22일
초판 2쇄 발행 2024년 7월 24일

지은이 주경훈

발행인 김은호
편집인 주경훈

발행처 도서출판 꿈미
등 록 제2014-000035호(2014년 7월 18일)
주 소 서울시 강동구 양재대로81길 39, 2층 2호
전 화 070-4352-4143, 02-6413-4896
팩 스 02-470-1397
홈페이지 http://www.coommi.org
쇼핑몰 http://www.coommimall.com
이메일 book@coommimall.com
인스타그램 @coommi_books

ISBN 979-11-93465-16-5 03230

다시 쓰는

원 포인트
통합교육

주경훈 지음

가정과 함께하는 교회
다음세대가 자라나는 교회

ONE POINT
CURRICULUM

推천사

다음세대는 교회의 희망일 뿐 아니라 이 나라의 꿈이요, 우리가 사는 세상의 미래입니다. 그럼에도 현 한국 교회의 다음세대는 신앙교육의 부재로 인한 붕괴 위험에 직면해 있습니다. 이러한 '골든 타임' 속에서, 오히려 '골든 서클'(Golden Circle)의 개념을 가지고 다음세대를 위한 신앙 교육 지침서를 내 주어서 주경훈 목사님에게 고마운 마음입니다.

이 책에는 저자가 다음세대를 위해 치열하게 말씀을 묵상하고, 기도하며 행했던 모든 사역의 여정들이 고스란히 담겨 있습니다. 곳곳에서 말씀의 지혜를 사모하며 현장에 접목한 '원 포인트 통합교육'의 통찰력 있는 관점들이 이를 뒷받침하고 있습니다.

머릿속으로만 생각하던 것을 마음에 담고, 그것을 꿈꾸며 삶으로 살아 내는 것이 얼마나 가슴 벅찬 일인지 모릅니다. 바라기는 믿음의 역사와 사랑의 수고와 소망의 인내로 쓰인 이 책이 다음세대를 위해 헌신하는 이 시대의 모든 사역자와 교사들 그리고 어른들에게 하나님의 영광을 드러내는 별이 되어 하늘 길을 밝히 보여 주기를 소망합니다.

_김은호(오륜교회 설립목사, 꿈이있는미래 이사장)

자신의 생각과 능력을 삶의 원천과 근거로 삼고 오직 성공과 행복을 대물림하는 이 시대에 하나님의 말씀으로 다음세대를 교육하겠다는 한 무리가 있으니 그것이 바로 기독교 교육 공동체입니다. 포스트모던 사조 속에서 종교 개혁 500주년을 맞이한 한국 교회가 절대 명제로 삼아야 할 교육 가치는 오직 성경에 근거한 교육 과정을 단순하지만 지속적으로 통합하는 것입니다.

부모가 내뱉은 말과 행동에 괴리가 있으면 자녀는 그 부모의 말을 '잔소리'로 간주해 버리고 귀를 닫아버립니다. 어렸을 적에 부모님께 가졌던 존경은 부모에 대한 연민으로 바뀌어 버리고 맙니다. 마찬가지로 언행일치가 되지 않는 교회는 세상으로부터의 존경은커녕 지탄(指彈)의 대상만 될 뿐입니다.

이 책은 작금의 교회 교육의 난제인 성경과 삶의 괴리를 처절하게 폭로하고 기독교 교육의 민낯을 과감하게 드러내는 등 독자로 하여금 냉철한 성찰과 더불어 뜨거운 열정을 갖게 합니다. 하나님이 친히 세우신 두 기관이 가정과 교회이기에 이 두 기관은 유기적으로 연합하고 통합되어 다음세대들이 하나님과의 스토리를 만들어 가는 한 지점(One Point)을 향해야 합니다. 그런 시대적 사명 앞에서 이 책은 탁월한 노하우(Know-how)를 제시합니다. 더 나아가 Know-why, Know-what, Know-when, Know-who, Know-where에 대한 깊이 있는 탐색과 대안을 친절하게 안내해 줄 것입니다.

하박국과 바울이 설파했던 "오직 의인은 믿음으로 말미암아 살리라"라는 진리의 말씀처럼 이 책을 통해서 자기 자신만 사랑하는 이 시대에 하나님을 사랑하고 이웃을 사랑하는 거룩한 다음세대가 도처에서 일어나기를 기대합니다.

_곽상학(안양제일교회 부목사, 다음세움선교회 대표)

드디어! 학생 중심이면서 가정 기반 교육을 기초로 삼고, 주일학교 교회 교육에 전문성까지 접목시킨 책이 나왔습니다. 부모와 자녀 사이의 세대 차이를 해소할 혁신적인 모델이 주경훈 목사님의 손에서 탄생했습니다. 이 모델은 가정과 교회 간의 건강한 파트너십을 육성 및 강화하고, 하나님을 하나님 되시게 섬기며 젊은 세대가 하나님을 적극적으로 받아들이도록 합니다. 더불어 학생들 삶의 모든 영역에서 전인적인 성장을 이루도록 장려하고 있습니다.

젊은 세대가 교회를 떠나는 것을 대탈출(Great Exodus) 행렬이라고 부르는 요즘입니다. 이는 다음세대에 대한 경종을 울리는 일입니다. 젊은 세대는 교회가 현시대와 동떨어져 있다고 믿고 지적인 회의주의에 사로잡혀 있습니다. 이런 상황 속에서 저는 이 책이 해답을 품고 있다고 생각합니다. 교육 관계자와 부모, 보호자, 목회자의 눈을 밝혀 줄 뿐 아니라, 이들에게 세대 간의 깨어진 부분을 싸매어 줄 전인적 교회 교육의 틀을 세우는 데 필수적인 요소를 제시하는 책입니다.

_조세핀 김(하버드대학교 교육대학원 교수, 『교실 속 자존감』 저자)

오늘날 한국 교회 교육의 문제는 한마디로 분리의 문제라고 할 수 있습니다. 성인 세대와 다음세대가 분리되었고, 목회와 교육이 분리되었으며, 교회와 가정이, 신앙과 학업이 그리고 설교 및 예배와 분반 공부가 분리되었습니다. 그렇다면 이러한 교육의 문제를 해결하는 것은 이 분리된 것들을 통합하는 것입니다. 『원 포인트 통합교육』은 바로 이 통합이 어떻게 가능한지를 보여 주는 탁월한 책입니다. 저자인 주경훈 목사는 오류교회에서 교회 교육을 담당한 경험과 '꿈이 있는 미래'(꿈미) 사역의 경험을 통해 '원 포인트 통합교육'이야말로 이 시대 교육의 문제를 해결할 열쇠임을 깨닫고 그 전체 매뉴얼을 이 책에서 공개하고 있습니다. 사실 원 포인트 통합교육의 원리는 이미 성경에 계시되어 있습니다. 부모와 가정을 중심으로 한 자녀 신앙 교육, 지식의 근본이 되는 여호와 경외 교육, 선택과 집중의 본을 보여 주신 예수님의 제자 교육은 모두 통합교육의 가장 아름다운 모범입니다. 지금은 주일학교의 한계를 극복하는 대안이 요청되는 시대입니다. 이 책은 그 새로운 가능성의 문을 열고 있습니다. 교회 학교의 교사들, 교역자들 그리고 부모들에게 필독서로 추천하고 싶습니다.

_박상진(장로회신학대학교 기독교교육학 교수 역임, 기독교학교교육연구소 소장)

추천사

'원(One) 포인트 통합교육'은 '윈(Win) 포인트 통합교육'입니다. 어떻게 하면 가정과 교회와 학교가 하나 될 수 있을까요? 다음세대를 염려하는 모든 이들의 고민입니다. 모두 다 고민은 하는데 해답을 찾기엔 역부족이었습니다. 해답은 고민해서 찾아지는 것이 아니라 뛰어들어야 발견되는 것입니다. 얼마나 많은 시간을 투자했을까요? 얼마나 많은 돈을 쏟아부었을까요? 얼마나 많은 시행착오를 거쳤을까요? 원 포인트 통합교육은 이렇게 발견되었습니다. 그런데 이 보화를 독점하지 않고 모두와 나누겠다고 합니다. 다음세대와 한국 교회를 위한 너무 고마운 일입니다. 나누는 자가 복이 있다고 주님이 말씀하셨는데 원(One) 포인트 통합교육이 정말 많이 나누어지기를 기대합니다. 왜냐하면 이곳저곳의 원-원-원들이 모여 결국 하나님 나라의 윈(Win)이 될 것이기 때문입니다.

_조성민(상도제일교회 담임목사)

고등학교 제자이며 동역자인 사랑하고 존경하는 주경훈 목사님의 『원 포인트 통합교육』 원고를 보면서 점점 글에 흡수되어 갔습니다. 마치 솜이 물을 빨아들이는 것처럼, 글줄을 읽어 갈수록 공감을 불러일으키고, 깨닫게 하고, 적용케 하는 지혜를 건네주었기 때문입니다. '교육은 프로그램이 아니라 프로세스다.' '교회 교육은 가정교육과 별개가 아니라 함께 가야 한다.' '속도보다 각도다.' '교육이란 가교다.' 명제화 된 문장 하나하나마다 고개를 끄덕이게 했습니다.

또한 교사 교육과 다음세대 교육의 대상에 따른 내용 등을 망라해 실제적으로 접근한 것이 저에게 큰 도움이 되었습니다. 더욱이 이론으로 멈추지 않고 오륜교회의 '원 포인트 통합교육'과 '꿈이 있는 미래'를 중심으로 한 교회와 가정의 연계 교육 그리고 부모 세대를 훈련해서 자녀를 키우는 가정교육 등을 실제적 훈련과 실험 등의 결과로 제시한 것이 매우 좋았습니다. 교사와 부모, 다음세대를 놓고 애쓰시는 분들에게 큰 도움이 될 책임을 확신하며 적극 추천합니다.

_최관하(영훈고등학교 교사, 『울보 선생』 저자)

**One
Point**

이 책은 다음세대 교육에 관한 책이다. 이야기를 시작하기에 앞서 먼저 가슴 아픈 사랑 이야기를 하려고 한다. 두 동물 커플의 안타까운 사랑 이야기다. 첫 번째 커플은 소와 호랑이다.

소와 호랑이는 주변 모든 동물의 반대에도 불구하고 서로 사랑에 빠져 결국 결혼까지 했다. 둘의 사랑은 견고했고 영원할 것 같았다. 하지만 첫 식사를 하는 순간부터 어려움이 찾아왔다. 호랑이는 소를 위해서 마블링이 살아 있는 고기를 가져왔고, 소는 호랑이를 위해 신선한 유기농 풀을 가져왔다. '우린 서로 사랑했던 것일까?' 서로에게 최선을 다했지만 받아들여지지 않았다.

소와 호랑이 커플에 비하면 두 번째 커플인 여우와 두루미는 좀 더 발전적인 사랑을 했다. 여우는 두루미를 위해 '생선 수프'를 준비했고, 두루미는 여우를 위해 '고기 요리'를 준비했다. 서로가 무엇을 먹어야 하는지를 정확히 알고 있었다. 하지만 요리를 담는 그릇을 잘못 선택했다. 여우는 생선 수프를 납작한 접시에 담아 두루미에게 주었고, 두루미는 고기 요리를 가늘고 긴 호리병에 담아 여우에게 주었던 것이다.

이 두 커플의 사랑이 얼마나 지속되었을까? 모르긴 몰라도 결과가 좋지는 않았을 것이다. 이 이야기를 들으며 다음세대 교육에 대해서 생각해 보았다. 사랑한다던 두 커플 간에 벌어지는 이야기가 사랑하는 부모와 자녀, 교사와 학생 사이에서 오늘날 그대로 재현되고 있기 때문이다.

교육의 첫 번째 문제는 다음세대들에게 무엇을 먹일 것인가이다. 교회는 교육이란 이름으로 다음세대들에게 무엇을 먹이고 있는가? 잠시 시간을 내어 교회 교육 커리큘럼을 살펴보면 놀라움을 금치 못할 것이다. 커리큘럼 자체가 없는 것이 아닌가? 대부분의 교회는 다음세대를 위한 교육 커리큘럼을 가지고 있지 않다. 그렇다면 어떤 기준으로 교육을 하는가? 교역자와 교사에게 맞는 교재를 가지고 교육한다. 학생이 기준이 아니다. 보통은 활동 자료가 많아서 가르치기 용이한 교재를 사용한다. 다음세대를 너무나 사랑하지만 호랑이가 소에게 고기를 먹이듯 교사에게 편한 교재를 사용한다. 그렇다면 사랑하는 다음세대에게 무엇을 먹일(가르칠) 것인가?

교육의 두 번째 문제는 어떻게 먹일 것인가, 즉 효과적인 교육의 방법과 소통의 문제다. 아무리 가르칠 내용이 좋다 할지라도 전하는 방법이 잘못되고 다음세대들과 소통이 안 된다면 여우에게 호리병에 담긴 고기를 주는 것과 같다. 교육 방법은 시대에 따라 달라져야 한다. 가르쳐야 할 하나님의 말씀은 변하지 않지만, 교육의 방법은 시대에 따라 달라져야 하는 것이다. 하지만 아이러니하게도 변하지 말아야 할 진리는 변화하고, 변해야 할 방법은 전혀 변하지 않고 있다. 우리는 어떻게 시대에 맞게 다음세대를 교육할 수 있을까?

이 책은 위의 두 가지 질문으로부터 시작되었다. 이 책은 한 교회의 교육 부서를 책임지는 목회자로서 이 문제의 답을 찾기 위한 몸부림의 내용을 담고 있다. 다음세대가 위기란 이야기가 이제는 놀랍지도 않을 만큼 너무도 많이 들린다. 레너드 스위트(Leonard Sweet)는 "어떤 문제가 여러 세대에 걸쳐 지속되면 위기가 아니라 상태(condition)가 된다"라고 했다. 위기가 아니라 상태라… 이것만은 반드시 막아야 한다.

김은호 목사님(오륜교회 원로목사)의 지도와 권면을 따라 현시대의 교회와 가정과 다음세대들에게 맞는 교육을 하고자 할 수 있는 모든 것을 다했다. 파랑새를 찾아 떠난 틸틸과 미틸 남매처럼 간절했다. 하지만 결국 파랑새는 다른 곳이 아닌 집 안에 있었던 것과 같이 교육에 관한 모든 답은 이미 성경에 있었다.

이제부터 그 이야기를 하려고 한다. 우리는 성경에서 발견한 교육을 '가정이 주도하는 교육'이라고 한다. 그리고 가정이 주도하는 이 교육을 이루기 위한 교육 방법을 '원 포인트 통합교육'이라고 부른다. 이 책은 교육에 관한 책이지만 다음세대만을 위한 책은 아니다. 전 세대를 교육하기 위한 책이다. 또한 이 책은 교육에 관한 책이지만 교사들만을 위한 책도 아니다. 부모가 반드시 읽어야 할 책인 것이다.

　다음세대와 현세대 그리고 교사와 부모의 교차점에서 교육은 이루어진다. 그 교차점에서 몸부림치는 사역자, 부모, 교사들을 축복한다. 부디 오늘날 다음세대의 위기가 상태가 되지 않기를 바라며, 이 책을 읽는 당신이 그 사명을 감당하길 소망한다.

2024. 3. 주경훈

목차

1부
기독교 교육의
골든 서클

1
선택과 집중

바야흐로 선택 과잉의 시대다. 선택해야 할 것이 너무나 많은 시대를 살아가고 있다. 예전에 TV를 볼 때는 선택이 간결했다. 지상파 방송 중에 하나만 선택하면 됐다. 1991년 SBS가 첫 방송을 하던 날이 기억난다. 선택의 폭이 하나 더 늘어난 날이다. '얼마나 재미있는 방송을 할까' 흥분되고 긴장되는 날이었다. 그땐 정말 어느 방송을 봐야 하나라는 고민도 적잖이 했던 것 같다. 지금은 어떠한가? 다 알지도 못할 정도로 많은 방송 채널이 있다. TV를 켜고 채널을 선택하기 위해 처음부터 끝까지 채널만 돌려도 수십 분의 시간이 흘러간다. 그런데 신기한 것은 볼 만한 채널이 없다는 것이다. 선택 과잉은 도리어 아무것도 선택할 수 없게 만들었다. 선택에 압도되어 정작 해야 할 선택을 하지 못하는 것이다.

　이런 시대의 분위기 속에서 새로운 종족이 탄생했으니 바로 햄릿족이다. "사느냐 죽느냐, 그것이 문제로다"라고 외쳤던 햄릿처럼 결정을 잘하지 못하는 사람들을 일컫는 말이다. 이를 반영이나 하듯이 2016년 최고의 유행어는 영화 〈곡성〉의 "뭣이 중헌디?"였다. '뭣이 중헌디?' 정말 고민스러운 질문이다. 새로운 종족을 위한 새로운 직종도 탄생했는데 바로 '큐레이터'(curator)다. 이는 '보살피다, 돌보다'란 의미의 라틴어 큐라(cura)에서 유래한 것으로, 선택 과잉의 시대에 소비자들이 자신에게 무엇이 중요한지를 선별, 배치, 선택하도록 도와준다. 한마디로 대신 골라 주는 것이다. 심지어는 자신의 감정도 골라 준다고 한다. 내 감정은 나만이 느낄 수 있는 것이다. 그런데 인터넷을 보면 종종 이런 유의 글이 올라온다. '지금 내가 이런 상황에 이런 느낌이 드는데 나의 감정이 어떤 것인가요?' 그러면 사람들이 '지금 너의 감정은 이런 거다'라며 댓글을 달아 준다. 나의 감정을 다른 사람이 대신 골라 주는 것이다. 이것이 진정 나의 감정일까?

기독교 교육도 마찬가지다. 예전에는 교육 자료가 없어서 문제였다. 정말 아무것도 없었다. 있는 것이라고는 성경책과 선생님뿐이었다. 하지만 지금은 무엇을 선택해야 할지 고민될 정도로 많은 교육 자료들이 있다. 연말마다 모든 주일학교 사역자들은 어떤 교육 자료를 선택해야 하나, '이것이냐, 저것이냐'로 적잖은 시간을 인터넷과 서점에서 서성인다. 정말 신중하게 선택한 교재인데도 무엇인가 불만족스러운 것이 있어 연말이면 또다시 더 좋은 것이 없나 하고 인터넷을 클릭해 본다.

기독교 교육은 끊임없는 선택과 집중의 과정이다. 지금 내가 맡고 있는 부서의 모습은 지금까지의 선택과 집중의 결과다. 이제 생각해 보자. '나는 기독교 교육을 위해서 무엇을 선택했고, 무엇에 집중하고 있는가!' 아무 생각도 나지 않는다면 실망스럽겠지만 단호하게 말해서 아무 선택도 집중도 안 하고 있는 것이다. 물론 맡은 사역에 대해서 할 수 있는 한 최선을 다하고 있다는 것을 안다. 아이들을 위해 목숨을 던질 만큼 헌신되어 있고, 아이들의 성장을 위해서 할 수 있는 모든 것을 다하고 있을 것이다. 문제는 너무 많은 것을 하고 있다는 것이다. 모든 것을 선택하는 것은 결국 아무것도 선택하지 않는 것과 같다. 오프라 윈프리(Oprah Winfrey)는 "중요한 질문은 당신이 얼마나 바쁜가가 아니다. 당신이 무엇에 바쁜가가 핵심 질문이다"라고 했다.

선택의 동의어는 포기다. 하나를 선택하기 위해서는 하나 외에 다른 모든 것을 포기해야 한다. "천재는 1퍼센트의 영감과 99퍼센트의 노력으로 만들어진다"라는 말을 참으로 많이 듣고 자랐다. 주변의 많은 사람들이 나에게 이 말을 해 준 것으로 봐서 내가 천재는 아니었던 것이 분명하다. 노력해야 살아갈 수 있는 아이였던 게다. 이런 말을 들을 때마다 늘 강조는 노력에 있었다. 결국 노력을 더 하란 뜻이다. 그런데 말이다. 99퍼센트의 노력을 아무리 더 해도 그 노력을 쏟아부어야 할 1퍼센트의 영감이 없다면 99퍼센트의 노력은 헛것이 된다. 99퍼센트의 노력이 열매를 맺기 위해서는 집중해야 할 1퍼센트를 정해야 한다. 섭씨 99도씨로는 물을 끓일 수 없다. 1도씨가 더 해져야 한다. 이때 1도씨는 99도씨에 비하면 작은 온도이나 전부일 수 있다. 그 1도씨가 바로 교육 목표다. 기독교 교육을 위해 먼저는 교육 목표를 명확히 해야 한다.

꿈이있는미래는 기독교 교육의 방법으로서 '원 포인트 통합교육'을 선택했다. 이것이 하나님이 원하시는 교육을 이루기 위한 최선의 방법이라고 생각했기 때문이다. 아무리 좋은 활동이라 할지라도 교육 목표에 맞지 않는다면 과감하게 포기했다.

우리는 다음과 같은 교육 평가 지침을 지니고 있다.

첫째, 이 교육 활동을 통해서 가정과 교회가 연결되는가?
둘째, 이 교육 활동을 통해서 하나님과의 스토리를 만들 수 있는가?
셋째, 이 교육 활동을 통해서 전인격적인 성장이 가능한가?

연말에 교육 활동 계획을 세울 때 오류교회는 이 기준에 근거해서 교육 활동을 정한다. 아무리 좋은 계획이라 할지라도 이 세 가지 기준에 부합하지 않으면 시도하지 않는다. 그리고 모든 활동 속에 이 가치가 실현되도록 기획한다. 과수원에서 나무의 가지를 치는 것을 '전정'(剪定)이라고 한다. 전정이란 단어를 보면 자를 '전'(剪)에 정할 '정'(定)을 쓴다. 가지 하나하나마다 귀하지 않은 것이 없다. 하지만 모든 가지를 남기는 것은 도리어 맺어야 할 열매를 맺지 못하게 한다. 아프지만 선택해야 한다. 과감하게 잘라야 한다. 그것이 나무를 살리는 일이고, 나무의 다음세대를 살리는 일이기 때문이다.

다음세대를 살리는 교육은 선택과 집중의 연속적인 과정 속에서 이루어지는 일련의 과정이다. 다니엘이 좋은 예가 될 것이다. 다니엘의 시대는 다음세대가 위기를 맞이한 정도가 아니라 폭삭 무너졌다. 더 이상 미래를 언급조차 할 수 없는 시대였다. 다니엘은 바벨론으로 포로가 되어 끌려왔다. 다니엘에게 기독교 교육이란 꿈도 꿀 수 없는 상황이었다. 다니엘이 배우는 모든 것은 바벨론의 학문, 즉 세상의 학문이었다. 그 안에는 어떠한 기독교적 가치도 없다. 하지만 다니엘은 언제나 수석이었다.

다니엘은 이름마저 바벨론식으로 바꿔야 했다. 다니엘이란 이름은 '하나님은 나의 재판장이시다'라는 의미다. 그는 불릴 때마다 하나님을 기억했다. 하지만 다니엘의 이름은 벨드사살, 즉 '벨이 보호한다'라는 뜻으로 바뀌었다.

다니엘은 바벨론 수업에 최선을 다했고 결국 최고의 정치인이 되었다. 그리고 자신의 조국을 무너뜨린 바벨론 왕을 도와 정치를 했다. 외적으로 보면 그는 100퍼센트 바벨론 사람이었다. 바벨론의 학문과 바벨론의 이름과 바벨론의 옷을 입고 있었다. 하지만 그의 내면은 오직 하나님으로 가득 차 있었다.

모든 것을 다 선택할 수 없는 상황에서 다니엘과 친구들은 선택과 집중을 했다. 하나님이 주시는 힘으로만 살아가길 선택했다. 그 상징적인 모습이 우상 숭배의 음식으로 사용된 부정한 음식을 거부하는 것이었다.

"다니엘은 뜻을 정하여 왕의 음식과 그가 마시는 포도주로 자기를 더럽히지 아니하리라 하고 자기를 더럽히지 아니하도록 환관장에게 구하니"(단 1:8).

쉽지 않은 선택이었다. 하지만 목숨을 걸 만큼 가치 있는 선택이었다. 바벨론의 세상에서 하나님의 사람으로 살아가기 위해서는 흔들리지 않는 기준이 필요했고 선택과 집중을 해야 했다. 다니엘의 친구들은 '그렇게 하지 아니하실지라도' 오직 하나님을 선택했다.

"그렇게 하지 아니하실지라도 왕이여 우리가 왕의 신들을 섬기지도 아니하고 왕이 세우신 금 신상에게 절하지도 아니할 줄을 아옵소서"(단 3:18).

선택과 집중을 위해서는 지속적인 반복이 있어야 한다. 반복이 쌓여 임계점을 넘으면 삶의 반전을 만들어 낸다. 다니엘은 누구도 못 말리는 반복의 사람이었다. 하나님과의 규칙적인 교제의 시간, 기도의 시간을 반복했다. 왕이 바뀌고 나라가 바뀌어도 하나님과의 정기적인 교제의 시간을 포기할 수는 없었다.

"다니엘이 이 조서에 왕의 도장이 찍힌 것을 알고도 자기 집에 돌아가서는 윗방에 올라가 예루살렘으로 향한 창문을 열고 전에 하던 대로 하루 세 번씩 무릎을 꿇고 기도하며 그의 하나님께 감사하였더라"(단 6:10).

다니엘의 외모는 바벨론 사람이나, 그의 외면이 내면으로 들어올 틈은 없었다. 오직 다니엘의 내면은 하나님에게 사로잡혀 있었다. 모든 것을 다 할 수 없는 상황에서 다니엘은 모든 것을 다 하려고 하지 않았다. 오직 신앙의 근본이 되는 것을 선택했고 목숨을 다해 집중했다.

다니엘의 시대는 지금 우리의 시대와 닮았다. 교회에서 우리의 다음세대에게 모든 것을 다 가르칠 수는 없다. 그렇다면 선택해야 한다. 그리고 집중해야 한다. 그때 다니엘과 같은 다음세대가 일어나게 될 것이다.

교육을 하다 보면 수많은 유혹을 받는다. 결국 유혹의 핵심은 효율과 속도다. '이렇게 하는 게 더 효율적이지 않을까?', '이렇게 해야 더 많은 숫자가 모이지 않을까?' 고민스럽지만 백번을 생각해도 결론은 분명하다. 속도가 아니라 각도다. 선택과 집중이다. 선택과 집중이 필요한 시기다. 모든 것을 다 가르칠 것이 아니라 반드시 가르쳐야 할 그것을 교육해야 한다. 우리의 다음세대가 오직 하나님을 선택하고 집중하길 소망한다.

2
관점을 유지하라

One
Point

관점이란 무엇인가를 보는 눈이다. 같은 것을 보더라도 해석은 제각각이다. 관점이 다르기 때문이다. 그래서 정말 중요한 것은 객관적인 현상보다 주관적인 관점일지 모른다. 동일한 상황에 어떤 사람은 '실패했다'고 하고 어떤 사람은 '배웠다'고 한다. 동일한 날씨에 어떤 사람은 '더워 죽겠다'고 하고 어떤 사람은 '햇살이 따뜻하다'고 한다. 어떤 사람은 우리나라가 '헬조선'이라고 하고 어떤 사람은 '세상천지에 우리나라같이 살기 좋은 곳이 없다'고 한다. 어떤 사역자는 '다음세대에게 희망이 있다'고 하고 어떤 사역자는 '다음세대는 절망 뿐'이라고 한다. 같은 것을 보는데도 이렇게 차이가 나는 것은 바로 관점, 즉 보는 지점이 다르기 때문이다. 보는 지점이 다르면 같은 사물을 보아도 다른 사물을 보는 것과 같다.

교사라면 사랑할 수밖에 없는 영화 〈죽은 시인의 사회〉를 본 사람이라면 영화의 앞뒤에 같은 장면이 나오는 것을 기억할 것이다. 책상 위로 올라가는 장면이다. 키팅 선생님은 입시 위주의 학업에 찌든 학생들에게 인생을 바라보는 또 다른 시각을 알려 주고자 책상 위로 올라가게 한다. 그리고 "세상은 보는 위치에 따라 달라 보인다"라고 말한다. 정말 그렇다. 같은 사물도 시각의 변화만 주었을 뿐인데 다르게 보인다. 영화의 마지막에 키팅 선생님은 학교에서 퇴출당한다. 교실 밖을 나가는 선생님을 바라보며 학생들은 "오 선장님, 나의 선장님"이라고 외치며 책상 위로 올라간다. 선생님에 대한 뜨거운 존경의 표현이고, 세상을 다르게 보겠다는 다짐인 것이다. 나도 모르게 눈시울이 뜨거워진다.

관점의 차이는 기독교 교육 분야로 오면 더욱 분명해진다. 기독교 교육에 대해서 현상학적으로 보통 다음과 같은 관점들이 있다.

기독교 교육은 세상 교육과는 구별되어야 한다.
기독교 교육은 세상 교육을 리드해야 한다.
기독교 교육은 세상 교육을 잘 활용할 수 있어야 한다.

'세상 교육'이란 단어가 조금 신경이 쓰이지만 교회 교육과 구분되는 일반적인 의미로 세상 교육이란 단어를 사용하겠다.

첫 번째를 지지하는 그룹은 교회와 세상과의 분리를 강조한다. 이들은 그 근거를 성경의 완전성과 충분성에 둔다. 성경만으로 교육하기에 완전하고 충분하다는 것이다. 그러하기에 교회에서 일반 교육을 함께할 필요가 없다. 함께할 필요가 없다는 표현보다는 섞여서는 안 된다고 생각한다는 표현이 더 적당하겠다. 이 부류는 세속주의 학문에서 시작된 일반 교육으로는 하나님의 자녀를 양육할 수 없다고 생각한다. 오직 성경으로만 가르쳐야 한다고 주장한다.

두 번째를 지지하는 그룹은 교회의 사회적 책임을 강조한다. 교회가 사회 변혁의 주체가 되어야 한다는 것이다. 기독교 리더들이 사회 각 분야에 들어가서 영향력을 발휘해야 한다고 강조한다. 이를 실행하기 위한 방법으로는 두 가지가 존재한다고 보는데, 한쪽은 세상 교육 속으로 깊숙이 들어가서 변화를 추구하는 것이고, 다른 한쪽은 세상 교육에서 벗어나 대안적 기독교 교육으로 변화를 추구하는 것이다.

세 번째를 지지하는 그룹은 특별 은총과 일반 은총의 조화를 강조한다. 세상 교육이 완전하지는 않지만 일반 은총의 영역에서 선용할 수 있는 부분이 많다는 것을 인정한다. 기독교 교육을 온전히 행하기 위해 도구적인 측면에서 일반 교육의 도움을 받을 수 있다. 마치 이스라엘 백성이 출애굽을 한 이후에 애굽에서 가지고 나온 물건들로 성막을 지은 것과 같이, 일반 학문들 속에 하나님 나라의 다음세대를 세우기 위한 도구들이 많음을 인정하는 것이다.

눈치챘겠지만 꿈이있는미래의 관점은 세 번째 유형이다. 아마도 한국 교회 안에서 가장 적극적으로 이를 시도하는 교회라고 할 수 있을 것이다. 물론 이때 가장 중요한 것은 본질이다. 본질이란 바뀌어서는 안 되는 것이다. 하지만 본질을 감싸는 형식은 얼마든지 변할 수 있다. 삼성의 고(故) 이건희 회장이 "마누라와 자식 빼고 다 바꿔!"라고 한 부분과 일맥상통할 것이다. 본질은 반드시 유지되어야 한다. 본질은 정체성이기 때문이다. 본질이 무너지면 다 무너진다. 하지만 형식은 적극적으로 변화해야 한다. 형식은 무엇인가? 나는 형식에 대해 '본질을 시대에 맞게 전달하는 소통의 도구'라고 말하고 싶다. 즉 커뮤니케이션의 도구인 것이다. 시대마다 본질을 전달하는 커뮤니케이션의 도구가 변화했었다. 한국 기독교 초기에는 본질을 전달하는 소통의 도구가 초코파이 하나면 충분했었다. 동네에서 북과 장구만 쳐도 아이들이 몰려오던 시대가 있었다. 하지만 지금은 이런 식의 소통 방법이 통하지 않는다. 사물인터넷(Internet of Things)이 상용화되는 시대에 걸맞는 소통 방법이 필요하다. 본질이 시대 속에서 뚜렷한 모습을 드러내고 영향력을 미치게 하기 위해 본질을 전달하는 형식은 계속 변화되어야 한다.

　이상훈 교수의 저서 『Re_Form Church』(교회성장연구소)는 교회의 본질을 지키되 형식을 변화시켜 본질을 더욱 극대화하는 열 개의 선교적 교회(Missional Church)를 소개한다. 제목 자체가 신선했다. 'Reform Church'는 이중적 의미로서, 첫 번째는 시대에 맞는 창조적이고 혁신적 교회가 되어야 한다는 의미이고, 두 번째는 근본적인 차원에서 본질에 기초한 성경적 교회로 회복하자는 뜻이 포함되어 있다고 한다. 책의 추천사를 쓴 윌버트 셍크(Wilbert R. Shenk)의 글 역시 의미심장했다. "교회는 항상 지역적(local)이며 상황적(contextual)이어야 한다. 즉 교회는 세워진 지역의 언어로 말하고, 그 지역의 문화와 형식 안에서 예배하며 신앙을 고백해야 한다." 글을 읽으면서 이런 욕심(?)이 생겼다. '만일 『Re_form Church 2』가 나온다면 오륜 교회가 소개되었으면 좋겠다.'

기독교 교육의 현장에 있으면서 날마다 느끼는 것은 관점의 중요성이다. 어쩌면 가르치는 내용과 활동보다 더 중요한 것이 어떤 관점을 유지하고 있느냐일 것이다. 기독교 교육은 그 앞에 '기독교'라는 독특한 형용사를 붙이고 있다. 그러므로 당연한 이야기지만, 기독교 교육은 기독교 교육다운 관점을 지니고 있어야 한다. 정리하자면 다음과 같다.

첫째, 본질을 깊게 보라. 산에서 길을 잃었을 때는 다시 올라가 정상에서 시작하라는 말이 있다. 다시 출발선에 서는 것이다. 교사의 사명을 감당하다가 교사로서의 좌절, 아픔, 상처를 경험할 때가 있다. 이를 극복하기 위해서 점검해야 할 많은 부분이 있겠지만 가장 우선해야 할 것은 본질적인 것이다. 종교 개혁이란 것이 결국 신앙의 본질인 성경으로 돌아가자는 것이었다. 그것이 바로 개혁이다. 교사 역시 마찬가지다. 교사는 아프다. 아이들을 사랑하기에 아플 수밖에 없다. 아픔이 몰려올 때 교사를 다시 세우는 힘은 환경의 변화가 아니라 본질의 확고함이다. 베드로 역시 그러했다. 베드로는 주님을 향한 자신의 사랑에 대한 확고함이 있었다. 절대로 주님을 배신하지 않을 것이라고 장담했다. 그 순간만은 분명 100퍼센트 진심이었을 것이다. 하지만 주님이 붙잡혀 가시는 그 환경 속으로 들어가면 사람도 달라지는 법이다. 결국 베드로는 세 번 KO 패를 당하고 힘없이 고향으로 돌아가 3년 전에 놓았던 그물을 다시 집어

들었다.

베드로는 돌아섰으나 주님은 신실하셨다. 베드로를 다시 찾아가 부드러우나 심장을 후벼 파는 질문을 하신다.

"네가 나를 사랑하느냐"(요 21:15-17).

항상 본질적인 질문은 단순하고 강력하다. 예수님은 '왜 나를 배신했어?', '다시 배신하지 않기 위한 7단계 전략은 뭐야?', '사명을 감당하기 위한 너만의 무기는 뭐야?' 하는 식의 질문을 하지 않으셨다. 단 하나, '네가 나를 사랑하느냐?'를 물으셨다. 베드로에게는 주님을 따르지 못할 수백 가지의 이유들이 있었으나, 단 한 가지의 본질적인 이유 때문에 주님을 다시 따르기로 결심했다. "주님 모든 것을 아시오매 내가 주님을 사랑하는 줄을 주님께서 아시나이다"(요 21:17). 본질의 힘이다.

둘째, 형식을 넓게 고려하라. 형식은 본질을 전하기 위한 수단이다. 그러므로 형식은 시대와 대상에 따라 달라질 수밖에 없다. 교회학교 안에는 다양한 세대가 공존한다. 보통 교장 선생님 격인 담임 목사님과 부장 선생님은 전근대 시대의 분들이다. 보통의 주일학교 사역자들은 근대 시대의 분들이다. 그리고 학생들은 탈근대 시대에 태어났다. 보통 주일학교 상황을 보고 19세기 교실에서 20세기 선생님들이 21세기 아이들을 가르친다고 말하기도 한다. 요점은 이것이다. 본질을 잘 전달하기 위해 적용 가능한 형식으로 접근하라는 것이다.

　내가 청소년 시기에 일주일에 한 번씩 꼭 들렀던 비디오 가게는 이제 사라졌다. 컴퓨터의 플로피 디스크, 연인과의 소통을 위한 삐삐, 영어 공부 좀 한다면 다 갖고 있었던 전자사전, 두꺼운 워크맨을 사라지게 한 MP3 플레이어 역시 사라졌다. 한때는 소통의 도구였던 것들이 다 사라진 것이다. 하지만 이들의 본질은 남아서 새로운 형식으로 전달되고 있다.

　어떤 상황에서도 관점을 잃지 않고 일관된 관점을 유지하는 능력을 '관점력'이라고 한다. 다음세대 부흥을 위해서는 관점력이 필요하다. 상황이 어렵다고 하나 관점을 바꾸면 상황이 변하기 시작한다. 결국 상황을 바라보는 해석이 중요하다. 본질을 놓치지 않고 시대에 맞는 형식을 넓혀 간다면 우리의 다음세대는 반드시 다시 일어설 수 있을 것이다.

3
빙산의 일각이다

'빙산일각'(氷山一角)이란 말이 있다. 전체 가운데 아주 작은 일부분을 의미할 때 쓰는 말이다. 실제로 얼음의 밀도는 물의 밀도보다 약 10퍼센트 정도 작다고 한다. 그래서 빙산의 10퍼센트만이 물 위로 뜨고 90퍼센트는 물 아래로 잠긴다. 그러니 빙산에 대한 정확한 평가는 수면 위로 떠오른 부분이 아니라 수면 아래 잠겨 있는 부분을 봐야 알 수 있다. 수면 아랫부분을 살펴야 적어도 다음의 두 가지를 말할 수 있다.

1. 빙산의 모양
2. 빙산의 방향

만일 어떤 사람이 수면 위에 있는 빙산의 모양만을 보고 그 빙산의 모양은 어떻고, 색깔은 어떻고, 크기는 어떻다고 말한다면 스스로의 무지를 드러낸 것이다. 보이지 않는 90퍼센트의 모양이 빙산의 진짜 모양이다. 보이는 것이 전부가 아니다. 또한 수면 위로 부는 바람의 방향을 보고 빙산의 방향을 말한다면 그것 역시 어리석은 것이다. 아무리 수면 위로 바람이 세차게 불어도 빙산은 해류의 영향을 더 크게 받는다.

빙산의 모습을 보며 다음세대 교육에 대해 생각해 보았다. 다음세대 사역을 하면서 참 많은 기독교 교육 사역자들을 만났다. 교회의 크기나 교단과 상관없이 많은 사역자를 만났다. 그분들과 대화를 나누는 것은 나에게는 큰 즐거움 중에 하나였다. 모두들 진지하게 자신에게 주어진 교회 교육 상황 속에서 돌파구를 찾고자 몸부림치는 분들이었다. 보통 그분들은 다음과 같은 질문을 했다.

"어떤 교재를 쓰고 있나요?"
"어떤 프로그램을 하고 있나요?"
"제자 훈련은 어떻게 하시나요?"
"주일학교 아이들은 몇 명 재적에 몇 명 출석하나요?"
"주일학교 선생님들은 몇 명인가요?"
"주일학교 예산은 얼마인가요?"
"담임목사님과 당회는 주일학교 사역에 호의적인가요?"

정말 궁금해서 질문하는 것은 이해가 된다. 그러나 죄송하지만 이런 식의 질문은 너무 간단해서 문자나 전화상으로도 가능하다. 물론 질문에 대해서 진솔하게 답변해 드린다. 하지만 답변을 듣고 돌아가서 교회 학교 현장에서 그대로 실행했다는 이야기는 거의 들어 본적이 없다. 간혹가다가 실행한 교회도 있지만 얼마 안 되어 다른 방법으로 대체했다는 후문을 듣기도 한다. 왜 한 교회에서는 성공적으로 사역하는 내용들이 다른 교회에서는 받아들여지지 않거나, 혹은 받아들여도 얼마 못 되어 다른 것으로 대체되는 것일까? 무엇이 문제인가?

오랜 시간 이 문제를 놓고 고민하면서 깨달은 것이 있다. 문제는 '교육 활동'이 아니라 '교육 과정'이었다. 앞에 언급된 질문들은 전부 교육 활동과 관련된 질문들이다. 어떤 교재를 쓰는지, 어떤 활동을 하는지, 어떤 훈련을 하는지, 어떤 프로그램이 있는지… 전부 외적으로 보이는 교육 활동과 관련된 것이다. 대부분의 교회는 다른 교회의 교육 부서를 외적으로 보이는 교육 활동을 보고 평가한다. 하지만 그것은 본질을 제대로 보지 못한 것이다. 교육 활동을 결정하는 것은 그 밑에 보이지 않지만 거대하게 자리 잡고 있는 교육 과정이다. 그 교육 활동은 그냥 나온 것이 아니라 교육 과정의 일환으로 진행되는 것이다. 그러니 교육 과정에 대한 이해 없이 교육 활동만 하는 것은 교육이란 이름으로 교사와 학생을 지치게 할 뿐이다.

군대에서 제일 맥 빠지는 일은 삽질하는 것이다. 왜 삽질을 해야 하는지 이유를 모르기 때문이다. 삽질을 해야 하는 이유도 모른 채 하루 종일 그 일을 한다니 얼마나 허망하겠는가! 그래서 쓸데없는 짓을 할 때 "삽질하고 있네!"라고 하는 것이다. 하지만 이유와 목적을 분명히 알고 있다면 보다 적극적이고 창의적으로 삽질할 수도 있지 않을까?

교육 과정이 없는 교육 활동은 교육 스트레스만 키울 뿐이다. 교육 과정이 없는 교육 활동은 늘 새롭고 신선한 교육 활동에 의해서 바뀌게 되어 있다. 그리고 늘 신선한 교육 활동은 쏟아져 나온다. 보다 참신하고 자극적이며 재미있는 교육 활동은 얼마든지 있다. 먼저는 교육 과정을 체계적으로 세워야 한다.

교육 과정은 일련의 시스템화 된 교육 커리큘럼을 의미한다. 그런데 기독교 교육의 문제는 커리큘럼이 있는 교회가 거의 없다는 것이다. 교육 과정 없이 교육 활동만 정신없이 하고 있는 것이다. 교육이 아니라 프로그램만 진행하는 것이다. 이 글을 부모들이 읽을까 봐 걱정된다. 부모들은 자녀들을 교회에 보낼 때 잘 정돈된 기독교 교육 철학과 커리큘럼 속에서 균형 잡힌 교육을 할 것이라 기대하는데 대부분의 교회 안에 교육 커리큘럼이 없다니 말이다. 학년마다 교재가 다른 것은 물론 심지어 매년 교재가 바뀐다. 더욱 놀라운 것은 이렇게 교육을 하고 있는데 부모와 교사 모두가 별로 이상하게 생각하지 않는다는 것이다. 교육 과정이 없는 교육 활동은 지속할 수가 없다. 구슬이 서 말이어도 꿰어야 보배라고 했다. 구슬은 다양한 색에 아름다운 모습으로 한가득인데 꿰어야 할 실과 만들어야 할 모양이 없다면 그 많은 구슬을 가지고 무엇을 한단 말인가!

한 가지가 더 남았다. 빙산의 수면 아래는 90퍼센트다. 아직 더 내려가야 한다. 교육 과정을 움직이는 가장 큰 부분이 있는데, 그것은 바로 교육 목표다. 빙산의 가장 큰 비중은 바로 교육 목표라고 할 수 있다.

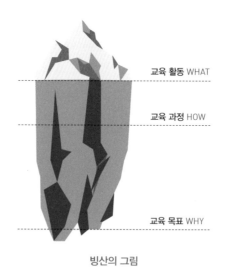

교육 활동 WHAT

교육 과정 HOW

교육 목표 WHY

빙산의 그림

교육 과정은 교육 목표를 구체화하는 것이다. 따라서 교육 목표가 우선하고 이를 실현할 과정이 교육 과정인 것이다. 그러니 교육에서 가장 중요한 것은 교육 목표다. 특별히 기독교 교육은 더욱 그러하다. 일반 교육과 기독교 교육은 확연히 다른 교육 목표를 지닌다. 교육 목표가 다르면 교육 과정과 교육 활동도 달라져야 한다. 그런데 작금의 기독교 교육 현장에서 가장 안타까운 것은 일반 교육과 기독교 교육의 구분이 없다는 것이다. 무분별하게 일방적으로 일반 교육을 흉내 내려고 하는 모습도 심심치 않게 보게 된다.

그러니 기독교 교육을 생각할 때 가장 먼저는 교육 목표를 명확히 해야 한다. 교육 목표를 실현할 교육 과정을 정교화해야 한다. 교육 과정을 따라 다음세대를 성장시킬 교육 활동을 역동적으로 해야 한다. 한 교회의 교육을 평가할 때 교육 활동으로 평가해서는 안 된다. 교육 활동을 가능하게 하는 교육 과정을 살피고, 교육 과정을 있게 한 교육 목표를 알아야 한다. 교육 목표가 분명하고 이를 실현할 교육 과정이 명확하다면 느려도 괜찮다. 더디 가도 안전하다. 바른 방향으로 가고 있기 때문이다. 방향만 맞는다면, 그 방향으로 지속하고 있다면 언젠가는 반드시 정확한 지점에 도달할 것이다. 그 방향을 성경 안에서 발견하고 그 방향을 지속하고 있다면 당신은 이미 좋은 교사다.

4
기독교 교육의 골든 서클

One
Point

교육 빙산에 대한 고민을 하던 중에 골든 서클이란 개념과 만나게 되었다. 원래 골든 서클이란 황금비(golden ratio)에서 나온 개념이다. 쉽게 말하면, 다양한 분야 속에서 의미 있는 숫자 간의 관계를 말한다. 사이먼 사이넥(Simon Sinek)이 이 골든 서클의 개념을 가지고 동기부여에 대한 의미 있는 책, 『나는 왜 이 일을 하는가?』(타임비즈)를 저술했다. 이 책의 내용을 TED에서 강의해서 큰 인기를 얻기도 했다. 나는 이 책을 보는 순간 가슴이 뻥 뚫리는 것 같았다. 내가 말하고 싶은 모든 내용이 이 하나의 그림 속에 다 들어 있었던 것이다.

사이먼 사이넥은 성공하는 사람들, 특별히 사람을 움직이는 사람들의 접근법에 관심을 가지고 고민하던 중 그들에게는 있지만 다른 사람에게는 없는 공통점을 발견했다. 그들은 하나같이 왜(Why)의 관점으로 생각한다는 것이다. 이것이 마틴 루터 킹(Martin Luther King Jr.)에게 끌리는 이유이고, 스티브 잡스(Steve Jobs)가 만든 물건을 비싼

값을 주면서까지 구입하는 이유다. 반면 지속하지 못하고 영향력을 주지 못하는 사람과 기업은 하나같이 무엇을(What)을 중심으로 사고하고 행동한다는 것이다. 결국 300쪽의 그의 책이 위의 그림 하나로 설명된다. 이를 정리하면 다음과 같다.

왜(Why)는 목적이다. 왜는 명료해야 한다.
어떻게(How)는 시스템과 프로세스다. 어떻게는 원칙이 중요하다.
무엇을(What)은 일관성이 있어야 한다.

교육의 관점에서 본다면 교육 목적이 왜(Why)이고, 교육 과정이 어떻게(How)이고, 교육 활동이 무엇을(What)이다. 이 중 교육의 가장 큰 비중을 차지하는 것이 교육 목적이고, 그것을 질서정연하게 설명해 놓은 것이 교육 과정이며, 교육 과정을 실현하기 위한 활동이 교육 활동이다. 결국 밖으로 보이는 것은 교육 활동이지만, 교육 활동이 가능하도록 떠받치고 있는 것은 교육 과정과 교육 목적이다. 사람들은 누군가가 이룬 그 '무엇'에 관심이 많지만, 정작 그것을 이룬 사람들은 무엇이 아닌 '목적/왜/Why'에 집중한다.

생각해 보면 나는 연말이 되면 왠지 모르게 우울해지고 멍해지곤 했었다. 새해를 준비하면서 역동적인 힘이 나는 것이 아니라, 무언가 정확한 단어로 설명할 수는 없지만 왠지 모를 낙심이 있었다. 사역이 잘 안 됐던 것도 아니다. 교사들과의 관계가 안 좋았던 것도 아니다. 아이들과의 관계도 좋았고, 아이들과 함께 있는 것이 즐거웠다. 이전에 해 보지 않았던 창의적이고 역동적인 사역들도 마음껏 했다. 하지만 왠지 공허했다.

이런 해를 몇 번 거듭하면서 정리된 질문이 이것이다.

'어떤 상황에도 흔들리지 않고 기독교 교육을 지속할 수 있는 원동력은 어디에서 나오는가?'

매년 무엇을 해야 하나 고민하지 않고, 다른 교회는 어떻게 하나 기웃거리지 않고, 흔들림 없이 바른 자세로 교육을 지속할 원동력은 어디에서 나오는가? 나의 사역에 빠져 있던 한 개의 조각을 다시 찾아야 했다. 그리고 그것을 찾았다. 바로 교육 목적(Why)이다.

몇 년 전 영화를 보러 갔는데 영화 시작 전에 동일한 광고 영상이 반복되어 나왔다. 영화를 볼 때마다 그 광고를 반복적으로 보았다. 지금 생각해 보면 그때 봤던 영화의 내용보다도 그 광고의 이미지와 메시지가 더욱 깊이 나의 내면에 각인되었다. 내용은 다음과 같다.

한 남자가 무엇이 안 풀리는지 벽에 붙여진 종이를 보고 고민한다. 한 운동선수가 화를 분출하듯 미친 듯이 달리고 있다. 한 여인은 디자인이 마음에 안 드는지 옷을 집어 던진다. 그리고 이제 내레이터의 음성이 들리기 시작한다.

"안에서 답을 찾았는데 밖에서 못 풀 리 없고 안이 단단하다면 밖이 흔들릴 리 없고 안이 새로워졌는데 밖이 그대로일 리 없다. 세상의 모든 새로움은 안으로부터 시작된다. 안에서 밖을 만들다. 하이닉스 반도체!"

하이닉스는 컴퓨터의 반도체를 생산하는 업체다. 컴퓨터의 핵심은 디자인이 아니다. 보이는 부분이 아닌 보이지 않는 반도체의 성능이 컴퓨터의 모든 것을 결정한다. 정말 그렇다. '모든 새로움은 안으로부터 시작된다.' 안이 새로워지면 밖은 변할 수밖에 없다.

어떤 상황에서도 흔들리지 않고 기독교 교육을 지속할 수 있는 원동력은 어디에서 나오는가? 안으로부터 나온다. 안이 새로워지면 바깥도 새로워진다. 그러므로 밖을 새롭게 하기 위한 노력보다 안을 새롭게 하기 위한 노력이 있어야 한다. 다음세대 사역자는 먼저 안이 새로워져야 한다. 늘 교육의 목적을 먼저 생각해야 한다. 모든 사역을 교육의 목적에 맞추어 놓고 진행해야 한다. 그래야 방향을 잃지 않고, 열정이 식지 않고 다음세대 사역을 지속할 수 있다. 누구나 지친다. 다음세대 사역자는 더욱 그렇다. 지금 당장 결과가 보이는 사역이 아니기 때문이다. 미래를 기대하며 오늘 눈물로 씨앗을 심는 사역이기 때문에 그렇다. 하지만 목적이 분명하다면 지금 당장은 지쳐서 잠시 앉아 있을지라도 곧 다시 일어나 가야 할 방향으로 힘차게 걸어갈 수 있다.

명료한 목적은 전염성이 강하다. 나의 가슴을 뛰게 하는 사명은 다른 사람의 가슴 역시 뛰게 한다. 불이 있어야 한다. 불이 있어야 불을 지필 수 있다. 불이 붙었으나 타지 않았던 떨기나무 앞에 섰던 모세가 생각난다. 모세는 한때 자신의 힘으로 불을 지피려 했다. 하지만 곧 잿더미가 되어 미디안 광야를 40년간 방황했다. 하나님이 모세를 찾아오셨다. 그 모습이 인상적이다. 성경은 이때의 광경을 이렇게 묘사한다.

> "여호와의 사자가 떨기나무 가운데로부터 나오는 불꽃 안에서 그에게 나타나시니라 그가 보니 떨기나무에 불이 붙었으나 그 떨기나무가 사라지지 아니하는지라"(출 3:2).

불이 붙었으나 타지 않는 떨기나무다. 비결은 중심에 있었다. "가운데로부터 나오는 불꽃"이라고 표현하고 있다. 모든 불은 겉에서부터 안으로 타들어 간다. 하지만 이 떨기나무는 가운데로부터 불이 번져 나갔다. 그 불이 여호와의 사자라고 성경은 기록한다. 모세는 깨달았다. 자신이 만든 불이 아니라 중심으로부터 나오는 불이 필요했다. 하나님으로부터 오는 불이 필요했다. 그 불이 있어야 200만

이스라엘 민족의 가슴에 출애굽에 대한 열망의 불을 낼 수 있는 것이다.

다음세대 사역은 혼자 할 수 있는 사역이 아니다. 물론 한 사람의 영향력은 전체를 뒤집을 만큼 파급력이 있다. 하지만 그 사람이 떠난다면 결국 빠른 속도로 이전과 같은 모습으로 돌아가 버린다. 그러므로 다음세대 사역은 한 사람의 탁월함으로 감당하는 것이 아니라 모든 교사와 교회가 함께해야 한다. "개인은 실패할 수 있으나 마을은 실패하지 않는다"라는 말이 있다. 한 사람의 백 걸음보다 백 사람의 한 걸음이 더욱 중요한 것이다.

목적 중심의 동기부여가 얼마나 중요한지를 설명하기 위해 사이먼 사이넥의 책에 나오는 예화를 하나 소개하고 싶다. 『나는 왜 이일을 하는가?』에 나오는 브래드라는 청년의 첫 데이트 현장의 장면이다.

"저는 굉장히 부자예요."
"큰 집이 있고 멋진 차도 있습니다."
"제 주변에는 유명 인사들이 수두룩하지요."
"TV를 켜면 내내 저를 볼 수 있습니다."
"잘생긴 얼굴이라 자꾸 나와도 좋더라고요."
"성공해서 유복한 생활을 하고 있습니다."

이 사람은 두 번째 데이트를 할 수 있을까? 밥맛이다. 이런 남자를 좋아할 여성은 없다. 꽃뱀이면 모를까! 하지만 동일한 내용을 이렇게 말한다면 어떨까?

"저는 매일 아침 자리에서 일어나면 제가 사랑하는 일을 합니다. 사람들을 격려하여 일을 하게 합니다. 그들은 신나서 일을 하죠. 세상에서 가장 멋진 일입니다. 사실 최고로 좋은 부분은 다른 누군가와 다르게 할 방법을 찾아내려 온갖 애를 쓴다는 점입니다. 그리고 그 결과 상당한 부도 얻게 됐습니다. 큰 집도 샀고 좋은 차도 샀지요. 유명 인사도 꽤 여럿 알게 되었고, TV에도 자주 나오게 되었어요. 그것도 괜찮더군요. 더러 잘생겼다는 말도 듣지요. 저는 운이 좋은 사람입니다. 내가 사랑하는 일을 할 수 있는 데다, 그 결과로 성공과 넉넉한 생활까지 얻었으니 말입니다."

이렇게 말한다면 과연 두 번째 데이트를 지속할 수 있을까? 당연하다. 이런 남자를 놓칠 여자는 없다.

첫 번째 대화와 두 번째 대화의 차이는 무엇인가? 사실 따지고 보면 결국 같은 이야기다. 하지만 말하는 접근 방식에서 확연하게 차이가 난다. 첫 번째는 What을 중심으로 말한 것이고, 두 번째는 Why를 중심으로 말한 것이다. 사람을 움직이게 하는 힘은 Why가 지니고 있다.

사실 그렇다. 사람은 의미를 추구하는 유일한 존재고, 의미를 발견했을 때 인생을 던질 만한 도전을 시도한다. 앞의 상황은 교회 안에서도 동일하게 벌어지곤 한다. 교회 안에서의 상황으로 각색해서 표현해 보자. 한 교회에서 오륜교회 교육 부서로 탐방을 왔는데, 이곳에서 배운 것을 자신의 교회에 적용해 보고자 한다며 교육 부서에 대해서 소개해 달라고 부탁을 한다. 이때 A는 이렇게 소개한다.

"정말 잘 오셨습니다. 다음세대 부흥을 위한 고민을 하고 계셨다면 정말 제대로 찾아오신 것입니다. 저출산과 고령화, 탈가족화 현상과 함께 교육의 부재, 기독교 이미지의 추락으로 다음세대가 위기라고 합니다. 하지만 오륜교회 교육부는 지속적으로 성장하고 있습니다. 저희 교육 부서는 전체 14개의 부서로 이루어져 있고 1부(오전 10시), 2부(오후 12시)로 진행되며, 교사 약 800명 정도 됩니다. 그리고 아이들 출석은 평균 3,000명 정도입니다. 오랜 시간 임상을 거쳐 만든 자체 커리큘럼을 가지고 있고, 커리큘럼에 의해서 교재를 만들어 전 세대를 원 포인트 통합교육으로 체계적으로 교육하고 있습니다. 가장 중요한 포인트는 가정과 교회를 연결하는 것으로, 저희는 가정 예배를 강조하고 있습니다. 매년 가정 예배 비율이 늘고 있어 2014년 28퍼센트, 2015년 44퍼센트, 2016년에는 51퍼센트에 도달했습니다. 이 중에는 교회에 다니지 않는 부모를 둔 33퍼센트의 가정이 포함되어 있습니다. 저희 교회에 다니는 부모와 아이들을 대상으로 가정 예배를 조사하면 무려 81퍼센트나 가정 예배를 드리고 있는 셈입니다. 다음세대 사역, 정말 신나는 사역입니다."

내가 봐도 정말 재수 없다. 먼 길을 탐방 온 분들이 이런 설명에 감동을 받고 우리도 이렇게 해 봐야겠다는 도전을 받을 수 있을까? 절대로 없다. 하지만 같은 내용을 B는 다음과 같이 설명한다.

"먼 길 오시느라 정말 수고 많으셨습니다. 다음세대의 부흥을 위해 이렇게 헌신하시는 모습을 보니 같은 사역을 하는 사람으로서 정말 감동입니다. 다음세대가 위기라고 합니다. 위기를 부른 여러 가지 많은 요인이 있겠지만, 저희는 원안을 떠난 교육이 진짜 위기라고 생각합니다. 하나님이 만드신 방법대로 바른 교육을 해야 한다고 생각합니다. 속도보다 방향이 중요하고, 양보다 질이 중요하기 때문입니다. 오륜교회는 하나님의 방법대로 부모를 세워 자녀를 양육할 수 있도록 원 포인트 통합교육을 실시하고 있습니다. 다음세대 사역은 현세대를 일으키지 않으면 불가능한 일입니다. 이런 교육 목표를 가지고 열심히 매진한 결과 지금은 작은 열매들을 눈으로 보게 되었습니다. 내적으로 건강해지니 외적으로 성장하는 모습을 보게 되고, 교사들 역시 사명감을 가지고 계속적으로 헌신하고 있습니다. 교육 목표에 따라 가정 예배를 드리는 가정이 점점 많아지고 있으니, 다음세대를 위한 사역은 정말 기쁜 일입니다."

결국 같은 내용을 말하는 것이나 B는 진짜 중요한 것이 무엇인지를 안다. A가 보이는 교육 활동과 결과를 중심으로 설명을 했다면, B

는 잘 보이지는 않지만 교육 활동을 움직이게 하는 교육 목적을 중심으로 설명을 했다. 그리고 사람들은 항상 교육 목적(Why)에 감동을 받는다.

이제 한번 골든 서클의 내용을 채워 보자. 목적을 잡자. 그것을 작게 잘라 실현 가능한 실천 계획을 세워 보자. 그 계획을 어떻게 이룰지 활동 내용을 채워 보자. 이 말에 지금 심장이 뛴다면 아직 소망이 있는 것이다.

5
빙산을 움직이게 하는
것은 무엇인가?

One
Point

기독교 교육을 빙산에 비유해서 설명했다. 그런데 한 가지 질문이 떠올랐다. '이 빙산을 누가 움직이게 할 것인가?' 빙산은 저절로 움직이지 않기 때문이다. 거대한 빙산을 움직이게 하는 데는 그만큼의 힘이 필요할 것이다. 그렇다면 빙산을 떠받치면서도 움직이게 하는 힘은 무엇일까? 이는 마치 해수와 바람과 같은 것이다. 빙산은 저절로 움직이지 않는다. 해수와 바람을 타고 흐른다. 다음세대 교육 역시 마찬가지다. 다음세대 교육이 멈추어 있지 않고 계속해서 살아 움직이게 하는 것은 무엇인가?

나는 빙산을 움직이는 해수와 바람을 Who, When, Where로 표현하고 싶다. 잘 갖추어진 기독교 교육의 체계를 준비하는 것은 매우 중요하다. 하지만 더욱 중요한 것은 그것을 누가(Who), 어디서(Where), 언제(When) 할 것인가이다. 즉 기독교 교육에 중요한 요소는 누가, 언제, 어디서 교육할 것인가 하는 문제다. 기독교 교육에서는 이 부분이 더욱 중요하다. 일반 교육과 기독교 교육의 차이가 극명하게 드러나는 부분이 바로 이 부분일 것이다.

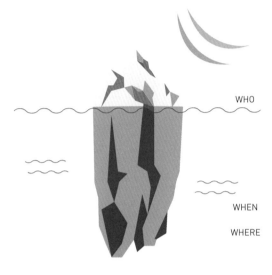

WHO

WHEN

WHERE

바람과 해수의 흐름

이를 정리하면 다음세대 교육을 위한 5W1H가 된다. 다음세대 교육을 위한 육하원칙이다. 육하원칙이란 객관성과 신뢰성을 기반으로 한 글을 쓸 때 지켜야 하는 기본적인 원칙이다. 육하원칙을 기반으로 한 글쓰기는 객관적이면서 신뢰를 준다. 다시금 무너진 다음세대 교육의 신뢰성을 회복해야 한다. 그 회복의 출발은 다음세대 교육의 육하원칙을 명료화하는 것이다.

다음세대가 위기라는 말이 이제는 충격이 되지 않을 정도로 우리는 너무나 많이 듣고 있다. 2018년부터 시작되는 대한민국의 인구

절벽으로 다음세대 위기는 더욱 급물살을 탈 것이다. 걱정이 되면서도 안심인 것은, 다음세대의 위기가 숫자의 문제였던 적은 한 번도 없었다는 사실 때문이다. 기독교 역사상 기독교의 위기가 숫자였던 적은 없었다. 숫자가 적을 때보다는 도리어 숫자가 많아질 때 기독교는 각종 문제로 휘청거렸다. 가진 것이 없을 때가 문제였던 적은 없었다. 도리어 가진 것이 많아 놓치고 싶지 않은 것이 많아질 때 기독교는 가장 가난해졌다.

다음세대의 진정한 위기는 교육의 육하원칙이 무너지는 데 있다. 아니, 더 심각한 문제는 무너지고 있다는 것을 느끼지도 못한다는 것이다. 무너졌다는 것은 세워진 것이 있었다는 것을 전제로 한다. 그렇다면 한번 적어 보길 바란다. 이 책을 읽고 있는 독자라면 적어도 다음세대 교육에 직간접적으로 참여하고 있거나 현장에서 주도적인 역할을 하고 있을 것이라고 생각된다. 그러니 조금만 시간을 낸다면 빈칸을 채울 수 있을 것이다.

Why(목적): 교육의 목적은 무엇인가?

_____

How(방법): 어떻게 교육할 것인가?

_____

What(무엇): 무엇을 교육할 것인가?

_____

Who(누가): 누가 교육할 것인가?

When(언제): 언제 교육할 것인가?

Where(어디서): 어디서 교육할 것인가?

직접 펜을 들어 써 본 사람이라면 빈칸을 채우기가 만만치 않다는 것을 느꼈을 것이다. 하지만 걱정할 필요가 없다. 펜을 들어 몇 자를 쓰려고 노력했다는 것 자체에서 이미 다음세대를 향한 열정이 느껴지기 때문이다. 사실 다음세대의 육하원칙은 시대와 문화에 따라 많은 영향을 받는다. 1차 산업 시대의 교육과 4차 산업 시대의 교육은 분명 많은 부분에서 차이가 있을 것이다. 하지만 기독교 자체가 변하는 세상 속에서 변하지 않는 진리를 고수하는 것처럼, 기독교 교육이란 변하는 세상에서 변하지 않는 진리를 교육해야 한다. 가르치는 내용뿐만 아니라 원리와 원칙에서도 그러해야 한다.

그러므로 이 책은 성경에서 말하는 교육의 원리를 육하원칙에 근거해서 작성하고자 한다. 다음세대의 회복을 위한 대안을 생각할 때 결론은 역시 원안이다. 원안을 떠난 대안은 현실을 더욱 복잡하게 만들 뿐이다. 다음세대를 위한 아무리 좋은 아이디어와 계획도 원안에서 벗어났다면 최악의 것이다. 항상 원안이 진리다. 그렇다면 다음세대 교육의 원안을 어디에서 찾을 수 있을까?

'*שמע*'

신명기 6장이다. '쉐마'는 신명기 6장 4절, 곧 하나님이 제정하신 교육 대헌장의 첫 단어다. 쉐마 말씀 속에 다음세대 교육의 육하원 칙이 농축되어 있다. 쉐마 교육은 유대인들만을 위한 것이 아니다. 하나님의 형상으로 지음을 받은 사람이라면 다 이 원리에 따라 교육해야 한다. 그렇다면 쉐마의 말씀이 전하는 다음세대 교육의 육하원 칙은 무엇인가? 2장에서부터 하나씩 다뤄 보도록 하자.

1. 기독교 교육은 선택과 집중의 연속이다. 그렇다면 '뭣이 중헌디?'

   – 내가 생각하는 기독교 교육의 핵심은 무엇인가?

   – 나는 그 일을 어떻게 실행하고 있는가?

2. 바벨론에서 살아가는 다니엘의 모습을 보면서 무엇을 느꼈는가?

3. 기독교 교육에 대한 당신의 입장은 무엇인가?

   1) 기독교 교육은 세상 교육과는 구별되어야 한다.

   2) 기독교 교육은 세상 교육을 리드해야 한다.

   3) 기독교 교육은 세상 교육을 잘 활용할 수 있어야 한다.

**4. 교사로서 사역하면서 탈진하거나 교육 스트레스를 받았던 적은 없
었는가?**

5. 기독교 교육을 빙산의 모양으로 설명했다. 빙산의 모양을 채워 보자.

2부
왜 교육하는가?

1
원안이 대안이다

One
Point

"교회의 교육적 문제는 단지 프로그램 면의 수정이 아니라 오히려 그 근저를 이루는 범례(paradigm) 또는 모델, 곧 교육적 선교의 방향을 지어 주는 준거의 틀(frame of reference)에 의해 좌우된다."
_ 존 H. 웨스터호프 3세(John H. Westerhoff III)

다음세대 사역을 하면서 많은 부모님과 상담을 하게 된다. 모든 부모님의 사연은 한결같이 '…걸'로 끝난다.

"그때 더 많은 시간을 아이와 함께 보낼 걸."

"그때 성경적으로 아이를 양육할 걸."

"그때 신앙생활의 중요성을 잘 가르칠 걸."

"그때 가정 예배를 규칙적으로 잘 드릴 걸."

중년 이후에 사회적으로 남부럽지 않게 많은 것을 준비한 가정인데, 단 하나, 자녀의 신앙 문제 때문에 눈물로 기도를 드리는 가정을 곳곳에서 본다. 다른 주제로는 풍성한 이야기를 나누지만 자녀 이야기만 나오면 숨을 곳을 찾는 부모 역시 자주 보여, 그럴 때면 나 역시 못 본 체하려고 주변을 두리번거리곤 한다. 어느 부모가 감히 자녀 문제를 놓고 당당할 수 있겠는가! 부모라면 자녀에게 못 해 준 것 때문에, 상처 준 것 때문에 마음 한구석이 아프기 마련이다. 아프기에 부모인 것이다.

하나님은 자녀를 향한 부모의 아픔을 알기에 더 큰 아픔과 후회를 막기 위한 교육 매뉴얼을 주셨다. 사람을 만드신 하나님이 사람을 교육하기 위한 매뉴얼을 주신 것이다. 사람은 'made in God'이기 때문에 하나님의 설명서를 따라야 고장이 없다. 설명서를 무시하면 무시무시한 일을 당하게 될 것이다.

하나님이 교육 매뉴얼로 주신 것이 있는데 바로 쉐마다. 쉐마란 신명기 6장 4절의 첫 글자인 'שׁמע'를 일컫는 것으로, 이는 전체가 세 부분인 신명기 6장 4-9절, 신명기 11장 13-21절, 민수기 15장 37-41절로 구성되어 있다. 출애굽 한 이스라엘은 시내산에서 하나님의 율법을 받았다. 이제 곧 약속의 땅에 들어갈 이스라엘 백성을 교육할 말씀으로 쉐마의 말씀을 주신 것이다. 쉐마 말씀은 구약의 성도들만을 위해 주어진 것이 아니라 하나님을 섬기는 모든 사람에게 주어진 것이다. 그러므로 쉐마 교육의 유통 기한은 영원부터 영원까지다.

쉐마 교육의 탁월성은 역사 속에서 이미 증명되었다. 쉐마 교육의 권위자인 김형종 박사는 쉐마 교육으로 일군 이스라엘의 역사를 이 땅에서 벌어진 최고의 기적이라고 표현했다. 이스라엘은 1948년 5월 14일 유엔으로부터 독립을 인정받았다. 이것은 바벨론의 왕 느부갓네살에 의해 나라가 망하고(B.C. 586년) 이스라엘 사람들이 여러 나라에 흩어진 후 2,500년 만의 일이었다. 참으로 감격스러운 날이 아닐 수 없다. 약 50개국에 흩어져 있던 이스라엘의 약 250만 명이 자신의 고국인 이스라엘로 모여들었다. 그 모습을 상상해 보라. 정말 가슴 벅찬 일이 아닐 수 없다. 하지만 좋을 수만은 없는 문젯거리가 있었으니 바로 언어와 문화의 장벽이었다. 역사적으로 볼 때 나라가 망하고 100년이 지나면 한 나라의 언어와 정체성을 상실하고 나라가 없어졌다. 그런데 2,500년 만에 50여 국가에서 생활하던 사람들이 모였으니 대혼란을 겪는 것은 당연한 일일 것이다. 하지만 놀라운 것은 이스라엘의 언어와 문화, 종교에 아무런 문제가 없었다는 것이다. 하나의 언어, 하나의 종교, 하나의 문화를 이루어 민족의 고유한 유산을 그대로 간직하고 있었다. 어떻게 그것이 가능했는가? 바로 어느 나라에 있든지 쉐마 교육의 원리를 따라 자녀들을 교육했기 때문이다.

여기서 한 가지 확신이 생긴다. 다음세대 교육의 가장 확실한 대안은 원안이다. 인간을 만드신 하나님이 제정하시고, 역사적으로 증명된 교육 방법이다. 그리고 원안 중심의 교육이란 바로 가정이 주도하는 교육이다.

우연히 집어 든 한 권의 책이 때론 인생의 책이 될 수도 있다. 나에게 『가정아, 믿음의 심장이 되어라』(미션월드라이브러리)가 바로 그런 책이다. 사역에 있어 코페르니쿠스적 사고의 전환을 일으킨 책이다. 원 제목은 『Family Driven Faith』다. '가정이 주도하는 믿음' 정도로 번역할 수 있을 것이다.

저자인 보디 바우컴(Voddie Baucham)은 책의 많은 분량을 기독교적 세계관을 위해 할애했다. 작금의 기독교의 문제를 세계관의 문제에서 찾은 것이다. 즉 하나님의 세계관인 가정이 주도하는 교육에서 실패하고 대리 위탁하는 교육으로 인해서 기독교가 무너지고 있다는 것이다. 이런 연유에서 미국 교회의 경우 청소년들이 대학 입학 후 2년 내에 70-80퍼센트가 교회를 떠나고, 거듭남을 체험한 10대 그리스도인들 85퍼센트가 절대적인 진리에 회의적이라고 한다. 더 심각한 것은, 미국 내에 구원의 확신이 있는 그리스도인 가운데 10퍼센트 미만의 사람만이 기독교적인 세계관을 지니고 있고, 미국 내 목회자의 51퍼센트만이 성경적 세계관을 지니고 있다는 것이다. 믿기 힘든, 아니 믿고 싶지 않은 결과다.

한국적 상황은 어떠한가? 이미 각종 자료를 통해서 각 교단의 다음세대가 급격하게 줄고 있으며 심지어 교단마다 주일학교 부서가 없는 교회가 전체 교회의 65퍼센트 정도라는 충격적인 결과를 듣고 있다. 청소년과 대학생은 이미 미전도 종족으로 분류되었다. 더군다나 저출산과 고령화로 한국은 세계에서 가장 늙은 나라가 되어 가고 있다. 옥스퍼드 대학교 인구 문제 연구소의 데이비드 콜먼(David Coleman) 교수는 "한국은 지금의 출산율이 지속되면 2305년에는 한국이 사라지고, 지구상에서 소멸하는 국가 1호가 될 것이다"라고 했다. 미국의 인류학자 폴 휴잇(Paul Hewitt)은 "한국이 출산율을 높이는 데 성공하지 않으면 2100년에는 현재 인구의 3분의 1만 남게 되고, 2200년에는 140만 명만 남게 되어 지구에서 한국인의 소멸을 초래할 수 있다"라고 경고했다.

가족 간의 정서적, 언어적, 관계적 단절은 이미 오래전부터 시작되었다. 이런 일련의 문제들을 우리는 어떻게 바라봐야 할 것인가? 나는 세계관의 문제라고 생각한다. 다시금 성경적 세계관으로 오늘의 우리를 살펴봐야 한다.

이 책은 교육에 관한 책이다. 하지만 다음세대 교육만을 위한 책은 아니다. 교육이 다음세대만을 위한 것이라는 생각은 성경적 세계관이 아니다. 성경적 세계관에서 말하는 교육의 일차적 대상은 다음세대가 아니라 현세대다. 성경은 현세대를 교육의 대상에서 제외한 적이 없다. 도리어 교육의 학습자이자 주체자로 현세대가 중심에 서있다. 특별히 가정에서의 현세대 중심의 교육을 강조하고 있다.

"내가 그로 그 자식과 권속에게 명하여 여호와의 도를 지켜 의와 공도를 행하게 하려고 그를 택하였나니 이는 나 여호와가 아브라함에게 대하여 말한 일을 이루려 함이니라"(창 18:19).

하나님이 아브라함을 선택하신 이유를 설명하는 성경 구절이다. 하나님이 아브라함을 선택하신 이유는 아브라함과 그의 자식과 권속들이 여호와의 도를 지키게 하기 위해서라고 하신다. 칼빈(John

Calvin)역시 이 말씀을 주석하면서 "아브라함이 하나님의 약속에 참여한 자가 된 것은 하나님이 보시기에 그가 가장으로서의 의무를 다할 것으로 판단되었기 때문"이라고 했다. 하나님은 아브라함이 가정에서 행할 일들을 염두에 두고 그를 선택하신 것이다.

하나님이 사탄에게까지 자랑하고 싶으셨던 욥의 행위는 이러했다.

"그들이 차례대로 잔치를 끝내면 욥이 그들을 불러다가 성결하게 하되 아침에 일어나서 그들의 명수대로 번제를 드렸으니 이는 욥이 말하기를 혹시 내 아들들이 죄를 범하여 마음으로 하나님을 욕되게 하였을까 함이라 욥의 행위가 항상 이러하였더라"(욥 1:5).

온전하고 정직해서 하나님을 경외했던 욥의 구체적인 모습은 가정에서 드러났다. 욥은 부모로서 가정에서 자녀 교육에 최선을 다했다. "욥의 행위가 항상 이러하였더라."

지혜의 책인 잠언은 아버지가 아들에게 전하는 내용으로 기록되어 있다. 잠언에는 "내 아들아"(בני)라는 부름이 28회나 등장한다. 즉 아버지가 자녀에게 가르치는 교훈의 내용을 기록한 것이다. 특별히 잠언에는 "길"(דרך)이라는 표현이 총 69회나 등장한다. 지혜자의 길(잠 2:8, 3:17, 3:23)과 악인의 길(잠 4:19, 13:15, 14:12)을 비교하면서 지혜자의 길을 걸으며 하나님을 떠나지 않는 법을 교육한다.

시간이 흘러 신약 시대가 되었으나 가정이 주도하는 교육의 원리는 변함이 없다. 시대와 문화는 변했지만 사람에 대한 교육은 변하지 않았다.

에베소서 5장 22절에서 6장 4절까지는 가정이 주도하는 교육의 실제적인 지침들이 기록되어 있다. 특별히 5장 22-33절까지는 부부 관계를 언급하고 6장 1-4절까지는 부모와 자녀 간의 관계를 언급한다. 순서가 중요하다고 생각된다. 먼저는 부부 관계를 언급했다. 부부 관계는 자녀 교육에 직접적인 영향을 미친다. 교육은 안정된 공간 속에서 이뤄져야 한다. 부모라는 공간은 자녀 존재의 근간이 되는 공간이다. 그 공간이 불안하면 교육은 흔들릴 수밖에 없다. 자녀는 부모에게 순종해야 하며 부모는 자녀를 주 안에서(ἐν κυρίῳ) 교육해야 한다. 부모의 욕심을 따라 강요하는 교육, 기준 없이 감정에 흔들리는 교육은 자녀를 노엽게 할 뿐이다.

"아비들아 너희 자녀를 노엽게 하지 말지니 낙심할까 함이라"
(골 3:21).

디모데의 가정은 가정이 주도하는 교육의 좋은 모델이 된다. 디모데의 가정은 대를 이어 가정 중심의 교육을 행했다.

"이는 네 속에 거짓이 없는 믿음이 있음을 생각함이라 이 믿음은 먼저 네 외조모 로이스와 네 어머니 유니게 속에 있더니 네 속에도 있는 줄을 확신하노라"(딤후 1:5).

디모데가 어린 나이에도 불구하고 에베소 교회에서 목회할 수 있었던 것은 가정이 주도하는 교육을 잘 받았기 때문이다.

"그러나 너는 배우고 확신한 일에 거하라 너는 네가 누구에게서 배운 것을 알며 또 어려서부터 성경을 알았나니 성경은 능히 너로 하여금 그리스도 예수 안에 있는 믿음으로 말미암아 구원에 이르는 지혜가 있게 하느니라"(딤후 3:14-15).

어릴 적 가정에서 받은 교육은 평생을 지탱하는 힘이 된다.
교회가 생겨나면서 교회 공동체를 정의할 때도 가족 중심으로 정의했다.

"그러므로 이제부터 너희는 외인도 아니요 나그네도 아니요 오직 성도들과 동일한 시민이요 하나님의 권속이라"(엡 2:19).

교회 교육은 가정교육의 기반 위에 서 있는 것이다. 결코 분리해서 생각할 수가 없다. 다시금 가정이 주도하는 교육의 모습을 회복해야 한다. 이것은 선택의 문제가 아니라 순종의 문제다. 하나님은 가정 교육의 원리를 한 번도 바꾸신 적이 없다. 원리를 따르지 않으면서 회복과 부흥을 꿈꾼다는 것은 마치 낭떠러지에서 뛰어내리면서 다치지 않기를 바라는 것과 같다. 다치지 않기를 원한다면 중력의 법칙을 존중해야 한다. 하나님의 원리는 중력의 법칙보다 상위

2부 왜 교육하는가?

의 법칙이다. 다음세대와 가정이 건강하길 원한다면 원칙을 지켜야
한다.

2
대세가 아닌 세대를 고려하라

One
Point

한때 '영 라이프'(Young Life)의 설립자는 이렇게 말했다. "복음으로 아이들을 지루하게 만드는 것은 죄다." 이 질문에 대한 마크 드브리스(Mark DeVries)의 대답은 이것이다. "젊은이들에게 그리스도인의 삶은 항상 재미있고 전혀 지루하지 않다고 말하는 것이 더 큰 죄일 수 있다."

티모시 폴 존스(Timothy Paul Jones)는 『가정 사역 패러다임 시프트』(생명의말씀사)란 책에서 '영 라이프' 설립자와 마크 드브리스의 이야기를 언급하면서 다음과 같이 자신의 생각을 피력한다. "시간이 지나면서 영적 미성숙보다 자녀와 부모 세대의 신앙 단절이 더 큰 문제라는 것을 깨닫기 시작했다."

한 번도 생각해 보지 못한 문장이었다. 아니, 늘 생각하고 있었지만 현실을 탓하며 무시하고 싶었던 문장이었을 것이다. 하지만 교육의 현장에서 늘 경험하는 것은 가정과 연결되지 못한 교육은 절름발

2부 왜 교육하는가?

이 교육이라는 것이다.

다음세대 사역자는 늘 다음세대에게 다가가기 위해서 현시대의 대세 문화에 많은 관심을 갖는다. 하지만 대세보다 중요한 것은 세대다. 다음세대에게 다가가기 위한 노력 이상으로 세대를 고려해서 부모 세대에게 다가가기 위한 노력을 해야만 한다. 하나님이 제정하신 교육의 원안이 그렇다.

가정이 주도하는 교육의 중심에 쉐마 말씀이 놓여 있다. 쉐마 말씀은 누구에게 주신 말씀인가? 쉐마 말씀하면 신명기 6장 4절 이하를 떠올리지만 정말 중요한 것은 그 위 구절이다.

> "이는 곧 너희의 하나님 여호와께서 너희에게 가르치라고 명하신 명령과 규례와 법도라 너희가 건너가서 차지할 땅에서 행할 것이니 곧 너와 네 아들과 네 손자들 이 평생에 네 하나님 여호와를 경외하며 내가 너희에게 명한 그 모든 규례와 명령을 지키게 하기 위한 것이며 또 네 날을 장구하게 하기 위한 것이라"(신 6:1-2).

신명기 6장 1절에서는 '너희'라고 되어 있는 것이 2절에서는 '너와 네 아들과 네 손자들'이라고 구체적으로 언급되고 있다. 즉 쉐마 말씀은 다음세대만을 위해서 주어진 말씀이 아니라 현세대, 자녀 세대 및 그 손자, 손녀 세대까지를 대상으로 적어도 3세대를 고려해서 주신 말씀이라는 것이다. 하나님 역시 자신을 소개할 때 어떻게 표현하시는가? "아브라함의 하나님, 이삭의 하나님, 야곱의 하나님"(출

3:6, 4:5)이라고 하신다. 3세대의 하나님으로 자신을 소개하셨다.

하나님은 가정의 믿음이 세대를 통해서 확장되길 원하신다. 이런 시각이 없을 때 성경에 족보가 나오면 하품도 같이 나왔다. '왜 발음하기도 힘든 족보들을 이렇게 많이 기록하고 있는 것일까?' 한 번은 왜 족보가 재미없게 느껴졌을까를 생각해 보았다. 그러던 중 아이가 자신이 어떻게 태어났는지를 설명해 달라고 했다. 조금 과장해서 아내와 만난 이야기, 결혼한 이야기 그리고 딸아이가 태어나던 순간을 이야기해 주었다. 내 기억으로는 아이에게 해 준 이야기 가운데 아이가 가장 집중해서 들었던 것 같다. 그리고 같은 이야기를 지금껏 수백 번도 더 해 줬던 것 같다. 매일 밤마다 몇 번씩이고 다시 해 달라는 것이다. 이제는 할아버지와 할머니가 만난 이야기까지 하고 있다. 아이는 족보 이야기를 굉장히 흥미로워한다. 그렇다. 자신과 관련된 족보 이야기는 흥미롭다. 나의 뿌리를 발견하는 순간이기 때문이다. 하지만 나의 족보가 아니라면 그것만큼 의미 없는 이름들도 없다. 그렇다면 이를 하나님의 입장에서 생각해 보자. 성경의 족보를 살펴보는 것은 지나간 추억이 담긴 앨범을 꺼내 보는 것만큼이나 행복한 일일 것이다.

대세가 아닌 세대를 고려한 교육을 해야 한다. 어떤 교육도 세대를 고려하지 않는다면 좋은 교육이 될 수 없다. 쉐마 말씀은 모세가 약속의 땅을 눈앞에 둔 상황에서 이스라엘 백성에게 전한 유언과도 같은 말씀이다. 얼마나 들어가고 싶었을까? 하지만 모세는 광야까지만 허락되었다. 가나안 땅은 다음세대가 들어가야 했다. 모세는 이

　　　　　　　　　　　　　　　　　　　　2부 왜 교육하는가?

제 가나안 땅에 들어가서 살아야 하는 다음세대에게 핏대를 세우며 쉐마의 말씀을 외친다.

모세의 뒤를 이어 리더가 된 여호수아 역시 죽음을 눈앞에 둔 상황에서 모세와 동일한 유언을 남긴다.

> "만일 여호와를 섬기는 것이 너희에게 좋지 않게 보이거든 너희 조상들이 강 저쪽에서 섬기던 신들이든지 또는 너희가 거주하는 땅에 있는 아모리 족속의 신들이든지 너희가 섬길 자를 오늘 택하라 오직 나와 내 집은 여호와를 섬기겠노라"(수 24:15).

자신의 세대를 마무리하면서 얼마나 하고 싶은 말이 많았겠는가! 그러나 여호수아는 단 하나, 가정을 통한 믿음의 세대 계승을 외쳤다. 그리고 백성들은 다음과 같이 말했다.

> "백성이 대답하여 이르되 우리가 결단코 여호와를 버리고 다른 신들을 섬기기를 하지 아니하오리니"(수 24:16).

그런데 무슨 일이 벌어졌는가? 내 성경책을 기준으로 두 장을 넘기면 이런 당황스러운 말씀과 만나게 된다.

> "그 세대의 사람도 다 그 조상들에게로 돌아갔고 그 후에 일어난 다른 세대는 여호와를 알지 못하며 여호와께서 이스라엘을 위하

여 행하신 일도 알지 못하였더라"(삿 2:10).

모든 교회가 교육위원회 헌신 예배 때마다 설교 본문으로 삼는 '다른 세대'가 출현한 것이다. 다른 세대의 특징은 두 가지다. 첫째는 여호와를 알지 못하고, 둘째는 여호와가 이스라엘을 위해 행하신 일도 알지 못했다는 것이다. 정말 몰랐을까? 아니다. 잘 알고 있었다. 너무 잘 알아서 토씨 하나 빼먹지 않고 달달 외웠다. 머리로는 알았지만 가슴으로는 느끼지 못하고, 몸으로 하나님을 체험하지 못한 세대가 된 것이다. 성경에서 안다는 표현이 지적인 앎이 아닌 체험적인 앎임을 안다면 무슨 의미인지 잘 알 것이다. 그들은 하나님을 알지 못했다. 왜? 이유가 무엇인가? 하나님의 교육의 원리를 따르지 않았기 때문이다. 세대를 고려하는 교육을 하지 않았기 때문이다. 아브라함을 부르신 목적을 따라 교육하지 않았기 때문이다.

1885년, 복음이 한반도 땅에 들어온 이후, 교회는 120여 년의 세월 동안 전 세계에 유례가 없는 괄목할 만한 성장을 이루었다. 흥선대원군의 쇄국정책 중에도, 일제 강점기 속에서도, 한국전쟁과 군사 정권 속에서도 기독교는 계속해서 부흥해 왔다. 그 결과 세계 선교 강국이 되었다. 전국 방방곡곡과 세계 곳곳에 복음을 전했다. 하지만 1990년대에 들어서면서 오히려 한국 교회는 정체를 맞이했고, 2000년대에 들어서면서 서서히 감소하기 시작했다. 더욱이 심각한 것은 다음세대의 감소 현상이다. 우리 믿음의 1세대 부모님들은 가족이 반대할 때 매를 맞으면서도 교회에 나오셨다. 때로는 몰래몰래 교회에 다니기도 하셨다. 그렇게 한 명이 가정의 밀알이 되어서 가정을 복음화한 일들은 흔한 이야기였다. 그러나 믿음의 2세대는 용돈을 받기 위해 교회에 나가 주었고, 믿음의 3세대는 용돈을 줘도 안 가는 세대가 되어 버렸다. 이렇게 믿음의 세대가 단절되는 현상이 벌어지는 것이다.

왜 이런 일들이 벌어지는가? 아니길 바라지만 혹 부모들 마음에 히스기야의 마음이 있는 것은 아닐까?

"히스기야가 이사야에게 이르되 당신이 전한 바 여호와의 말씀이 선하니이다 하고 또 이르되 만일 내가 사는 날에 태평과 진실이 있을진대 어찌 선하지 아니하리요 하니라"(왕하 20:19).

히스기야는 이스라엘에 몇 안 되는 선왕 중에 한 명이다. 이 말씀도 굉장히 믿음이 좋은 표현으로 들린다. 그런데 이사야가 무슨 말을 전했기에 이렇게 반응하는 것일까? 상황은 이렇다. 히스기야가 죽을병에 걸렸다. 하나님은 이사야를 통해서 이 사실을 알려 주셨다. 시한부 인생이 된 히스기야는 낯을 벽으로 향하고 하나님에게 기도하기 시작했다. 그리고 하나님은 그의 기도에 응답하셔서 그의 병이 고침을 받았다. 이 소식을 들은 바벨론은 사절단을 보내어 히스기야를 축하해 주었다. 기분이 너무 좋은 히스기야는 사절단에게 보물고와 군기고를 비롯해서 그 나라 안에 있는 모든 창고를 다 보여 주었다. 순간 교만한 마음에 과시욕이 생긴 것이다. 이때 이사야가 다시 찾아와 이렇게 말한다.

"여호와의 말씀이 날이 이르리니 왕궁의 모든 것과 왕의 조상들이 오늘까지 쌓아 두었던 것이 바벨론으로 옮긴바 되고 하나도 남지 아니할 것이요 또 왕의 몸에서 날 아들 중에서 사로잡혀 바벨론 왕궁의 환관이 되리라 하셨나이다"(왕하 20:17-18).

이게 무슨 일인가? 조상들이 이제까지 쌓아 둔 모든 것이 바벨론으로 옮겨지게 되고, 자손들은 사로잡혀 환관이 된다고 한다. 즉 자신의 이전 세대와 이후 세대의 모든 것이 무너지게 되는 상황이 벌어진 것이다. 자, 이제 질문해 보자. 당신이 히스기야고 지금 이런 청천벽력과 같은 소식을 들었다면 당신은 어떻게 반응하겠는가? 히스기야는 이렇게 반응한다.

"히스기야가 이사야에게 이르되 당신이 전한 바 여호와의 말씀이 선하니이다 하고 또 이르되 만일 내가 사는 날에 태평과 진실이 있을진대 어찌 선하지 아니하리요 하니라"(왕하 20:19).

귀를 의심했다. 아니 눈을 의심했다. 다른 사람도 아니고 히스기야다. 적어도 그는 이렇게 말하면 안 된다. 그는 자신이 죽을병에 걸렸을 때 목숨을 걸고 기도했다.

2부 왜 교육하는가?

"여호와여 구하오니 내가 진실과 전심으로 주 앞에 행하며 주께서
보시기에 선하게 행한 것을 기억하옵소서 하고 히스기야가 심히
통곡하더라"(왕하 20:3).

그는 기도 응답을 경험한 사람이었다. 그런데 자신으로 인해서 자
신의 윗세대와 아래 세대 모두가 망하게 되는 상황을 전해 들은 히
스기야가 어떻게 이렇게 반응할 수 있단 말인가! 자신의 문제를 두
고 벽을 바라보며 죽도록 기도한 히스기야라면 자신의 자녀들을 위
해서는 목숨에 목숨을 걸고라도 기도해야 했다.

그런데 요즘 히스기야의 이 말이 마음에 울림을 준다. "만일 내
가 사는 날에 태평과 진실이 있을진대…." 이것이 오늘날 교육의 위
기를 초래한 원흉이 아닐까? 다음세대가 위기라는 소식을 매일같이
듣는다. 오늘 못 들었는가? 지금 당장 아무 신문이나 하나 들어 펴
보기 바란다. 하루라도 다음세대가 위기라는 뉴스가 보이지 않는 날
이 없다. 작금의 문제는 다음세대가 위기라는 말을 하도 많이 들어
위기가 위기로 느껴지지 않는 데 있다. 이런 마음이 현세대의 마음
에 깔려 있는 것은 아닐까? "내가 사는 날에 태평과 진실이 있을진
대…."

오늘 우리의 반응이 윗세대와 다음세대에 결정적인 영향을 미칠
것이다. 다시금 모세의 마음이 필요하다. 하나님은 우상 숭배에 빠
진 이스라엘에게 대노하셨다. 그래서 모세에게 "그들을 진멸하고 너
를 큰 나라가 되게 하리라"라고 말씀하셨다. 내가 모세였다면 "하나

님은 역시 사람 볼 줄 아시는군요"라고 말했을지 모른다. 하지만 모세는 모세다. 그는 다음과 같이 말한다. 긴 말씀이지만 반드시 주목해서 읽어야 할 말씀이다. 왜냐하면 우리 역시 이렇게 기도해야 하기 때문이다.

"모세가 그의 하나님 여호와께 구하여 이르되 여호와여 어찌하여 그 큰 권능과 강한 손으로 애굽 땅에서 인도하여 내신 주의 백성에게 진노하시나이까 어찌하여 애굽 사람들이 이르기를 여호와가 자기의 백성을 산에서 죽이고 지면에서 진멸하려는 악한 의도로 인도해 내었다고 말하게 하시려 하나이까 주의 맹렬한 노를 그치시고 뜻을 돌이키사 주의 백성에게 이 화를 내리지 마옵소서 주의 종 아브라함과 이삭과 이스라엘을 기억하소서 주께서 그들을 위하여 주를 가리켜 맹세하여 이르시기를 내가 너희의 자손을 하늘의 별처럼 많게 하고 내가 허락한 이 온 땅을 너희의 자손에게 주어 영원한 기업이 되게 하리라 하셨나이다"(출 32:11-13).

모세는 하나님의 영광을 위해 다음세대를 살려 달라고 간구한다. 그렇다. 현세대가 무릎을 꿇을 때 다음세대가 일어서게 된다. 다시금 다음세대를 위해 무릎을 꿇는 현세대가 많아져야 한다. 교육은 머리가 아닌 무릎으로 하는 것이다. 모세가 한 기도의 결론은 무엇인가?

"여호와께서 뜻을 돌이키사 말씀하신 화를 그 백성에게 내리지 아니하시니라"(출 32:14).

이것이 하나님의 마음이다. 다음세대를 향한 하나님의 마음은 회복이다. 다시 부흥하는 것이다.

위기라는 말이 계속해서 들린다. 접할 수 있는 모든 매체들을 통해서 들린다. 국가적으로 외치고 있고, 모든 학교에서, 공공 기관에서, 가정에서, 교회에서 다음세대가 위기라고 한다. 이처럼 온 나라가 다음세대를 염려한 적이 또 있었을까? 그렇다. 지금은 분명 위기다. 하지만 기회다. 모든 사람이 위기로 인식하고 있기 때문이다. 위기 속에 살아남는 것은 변화하는 것이다. 대세를 따르는 교육이 아닌 세대를 고려한 교육을 해야 한다. 세대를 고려한 원안 중심의 교육을 행할 때 다음세대는 반드시 다시 일어서게 될 것이다.

3
속도보다 방향이 중요하다

One
Point

지금도 생각해 보면 아찔하다. 기말고사를 앞두고 있었다. 누구보다 좋은 성적을 받고 싶었다. 그래서 골방에 앉아 할 수 있는 한 최선을 다해서 공부했다. 스스로 만족하며 골방을 나와 시험장에 들어가서야 알았다. 시험 범위를 잘못 알고 있었다. 그때의 허망함과 좌절감이란…. 그 누구보다 나에 대한 자책이 컸다. 시험 결과는 어떻게 되었을까? 야호! 다행히 시험이 오픈 북(Open Book)으로 변경되어 어느 정도 성적은 받을 수 있었다. 20년도 더 지난 일이지만 지금도 그날을 떠올리면 심장 박동이 빨라진다.

다음과 같은 상황에서 결과는 어떻게 될까?

'경기에 나가는 선수가 경기 규정도 모른 채 열심히 운동만 하고 있다.'

'시험을 보러 가는 학생이 시험 범위도 모른 채 제 하고 싶은 공부만 열심히 하고 있다.'

'암벽 등반 경기를 하는 사람이 아무 산이나 마구 오르고 있다.'

어떤 결과가 벌어질지 우리 모두는 다 알고 있다. 종종 올림픽 경기를 통해 안타까운 일들을 보곤 한다. 모두 세계 최정상의 선수들이다. 그런데 잘못된 트랙 위를 달려 실격하는 장면을 종종 본다. 속도보다 중요한 것은 방향이다. 방향이 잘못되면 속도를 내어 달려간만큼 되돌아와야 한다. 간만큼 손해를 보게 된다.

다시 한 번 강조하지만 원안이 대안이다. 우리나라처럼 교육에 열심인 나라도 없다. 과거 우리나라는 모든 자원이 부족한 상황에서 교육은 생존의 수단이었다. 잘 먹고 잘살기 위해서 죽기 살기로 공부해야 했던 나라가 대한민국이다. 학구열은 생존열이었다. 교회 교육 역시 뜨겁다. 교회에 여러 가지 봉사직이 있지만 단언컨대 주일학교 교사들이 가장 열정적이다. 그러니 지금 우리의 문제는 열심의 정도가 아니다. 물론 더 열심을 내야 할 사람들도 있을 것이다. 하지만 이 책을 읽을 정도라면 이미 열심히 가르치고 있을 것이다. 문제는 방향이다. 어쩌면 우리는 지금까지 엉뚱한 곳에서 해결책을 찾으려고 했는지도 모른다.

어떤 사람이 불이 밝게 켜진 가로등 밑에서 잃어버린 열쇠를 찾고 있었다. 지나가던 사람이 궁금해서 묻는다.

"열쇠를 여기서 잃어버린 게 맞나요?"

"모르겠어요."

"그럼 왜 여기서 열쇠를 찾고 계세요?"

"그야 이곳이 더 밝아서 잘 보이기 때문이죠."

『다섯 가지 미래 교육 코드』(소울하우스)에 나오는 예화다. 잃어버린 물건은 잃어버린 장소에서 찾아야 한다. 교육 역시 마찬가지다. 무엇인가 잘못되었다면 잘못된 지점에서 다시 시작해야 한다. 첫 단추를 잘못 끼워서 위의 단추가 다 잘못되었는데 바로잡겠다면서 아래 단추만 만지작거리면 안 된다. 다시금 원안을 살펴봐야 한다.

하나님이 제정하신 교육의 목적은 다음과 같다.

"이스라엘아 들으라 우리 하나님 여호와는 오직 유일한 여호와이시니 너는 마음을 다하고 뜻을 다하고 힘을 다하여 네 하나님 여호와를 사랑하라 오늘 내가 네게 명하는 이 말씀을 너는 마음에 새기고"(신 6:4-6).

첫째는 듣는 것이다. 첫 단어가 '들으라'(שמע)이다. 여기서 쉐마란 단어가 쓰였다. '들으라'라는 단어는 '순종하다'(Obey)란 뜻을 지닌다. 즉 듣는다는 것은 귀로만 듣는 것이 아니라 온몸으로 듣는 것이다. 귀로 듣고 순종하지 않으면 들은 것이 아니다. 우리나라 역시 자녀가 부모의 말에 순종하지 않을 때 이렇게 말한다. "왜 말을 안 들어!", "제발 말 좀 들어라!"

자녀가 잘못을 저질렀거나 부모의 말에 순종하지 않을 때는 부모의 목소리를 듣는 것이 부담스럽다. 이때부터 자녀는 부모의 말을 듣는 것을 피하게 된다.

"이르되 내가 동산에서 하나님의 소리를 듣고 내가 벗었으므로 두려워하여 숨었나이다"(창 3:10).

아담은 평소에 하나님의 음성 듣는 것을 좋아했다. 하지만 하나님의 말씀에 불순종해서 죄를 범한 이후에는 말씀 듣는 것을 피했다. 피하는 모습은 불순종하는 모습을 상징한다. 듣는 것은 순종이다. 모든 문화권에서 들음은 교육의 중요한 방법이었다.

무엇을 들어야 하는가? 가장 먼저 들어야 할 것은 "하나님 여호와는 오직 유일한 여호와"시라는 것이다. 이것이 바로 교육의 목적이며, 반드시 가르쳐야 할 가장 중요한 내용이다. 신명기는 하나님의 유일성에 대해서 반복적으로 강조한다(신 4:34, 39, 5:6, 10:17, 32:39). 하나님이 유일한 신이라는 유일신관을 강조하는 것이다. 모세는 당시 다신론과 범신론 및 지역의 신관과 철저하게 구별되는 개념으로 하나님의 유일성을 강조했다.

교육에 있어서 지금 이 시대에 가장 중요한 것은 교육의 목적을 확고히 하는 것이다. 하나님은 오직 유일한 여호와 하나님이시다. 그러므로 우리는 그분의 말씀을 들어야 한다. 그리고 순종해야 한다. 4차 산업 시대가 되면서 엄청난 양의 데이터가 쏟아지고 있다. 과거의 지식 데이터 양이 지금은 이틀에 한 번씩 갱신된다고 한다. 그야말로 정보의 홍수 시대다. 인터넷 덕분에 예전에는 소수만이 누렸던 콘텐츠 생산자의 역할이 이제는 모든 사람에게 열렸다. 누구든지 자신의 생각과 의견을 인터넷상에 올림으로 콘텐츠 생산자의 역할을 할 수 있게 되었다.

더군다나 기존에 정설로 받아들여지던 것들이 사실상 절반은 틀린 것으로 드러나고 있다. 『지식의 반감기』(책읽는수요일)에서 새뮤얼 아브스만(Samuel Arbesman) 박사는 책 제목으로 사용한 '지식의 반감기'란 용어를 내놓았다. 이는 우리가 알고 있는 지식의 절반이 틀린 것으로 드러나는 데 걸리는 시간을 의미한다. 그의 연구 결과에 따르면 물리학은 반감기가 13.07년, 경제학은 9.38년, 수학은 9.17년, 심리학은 7.15년, 역사학은 7.13년, 종교학은 8.76년으로 나타났다. 즉 기존에 정설로 믿어 왔던 지식이 시간이 지나면서 절반은 틀린 것으로 증명되었다는 것이다. 이런 시대에 어떤 지식을 믿을 것인가!

시대가 이렇다 보니 이제는 진리인 말씀이 하나의 정보로 취급을 받고 있다. 젊은이들을 대상으로 설교를 하다 보면 종종 설교 중에 스마트 폰으로 검색을 하는 청년들을 보게 된다. 예배 후에 설교 중에 무엇을 검색했는지 확인해 보면 설교 내용이나 예화 중에 확인해 보고 싶은 것을 검색했다는 것이다. 설교 역시 하나의 정보 취급을 받는 것이다. 젊은이들과 대화를 해 보면 생각의 근저에 이런 생각의 층들이 있는 것을 본다. '그것은 성경의 관점이고 나는 그렇게 생각하지 않습니다.', '그것은 목사님의 견해이고, 나는 동의하지 않습니다.' 마치 사사기의 시대처럼 자기 소견에 옳은 대로 행하는 것이 작금의 모습이다. 이때 우리는 분명히 해야 한다. 다음세대가 오직 유일한 여호와의 말씀을 듣고 순종하도록 교육해야 한다. 불확실한 시대일수록 확실한 진리가 필요하다. 진리의 말씀을 듣고 순종해야 한다.

둘째는 사랑하는 것이다. 교육의 목적인 첫째와 둘째는 서로 연결되어 있다. 오직 유일한 여호와의 음성을 듣고 순종해야 하는데 그것을 억지로가 아닌 사랑으로 하는 것이다. 사랑하는 사람의 음성은 달콤하다. 사랑하는 사람의 음성은 나에게 안전감과 행복감을 준다. 기독교 교육의 목적은 바로 하나님을 전인격적으로 사랑하는 세대를 만드는 것이다.

신명기 6장 5절에 등장하는 세 개의 단어는 그 사랑이 어떤 사랑인지를 특징지어 준다. '마음'(Heart)은 내면의 중심을 의미한다. 단순한 마음이 아니라 내면의 전 존재를 의미하는 것이다. '뜻'(Soul)은 영혼과 같은 의미로, 육체적, 정신적인 전인격을 의미한다. 그리고 '힘'(Mighty)은 의지를 표현하는 단어다. 즉 하나님을 향한 사랑은 전 존재를 다하는 전인격적인 사랑을 의미한다. 얼마나 멋진 목표인가! 지식을 가르치는 것이 아니라 사랑을 가르치는 것이다. 이때 들음과 순종은 전혀 짐스럽지가 않다. 의무를 넘어서는 사랑의 헌신을 다하는 것이다. 아우구스티누스(Aurelius Augustinus)는 이런 말을 했다. "사랑하십시오. 그리고 그대 원하는 대로 하십시오"(Dilige, et Quod vis fac).

결국 교육의 목적은 들음이고, 들음은 순종이고, 순종은 사랑의 순종이고, 그 결과 내가 들은 바와 같은 존재로 변화되는 것이다. 들은 바와 같은 존재로 변화되는 것, 이것이 교육의 목적이다.

이것이 원안이다. 우리는 다시 여기서부터 교육을 시작해야 한다. 뿌리가 잘린 나무에 아무리 많은 비료와 햇빛을 준다 한들 그것은 곧 말라 죽을 것이다. 이유는 간단하다. 뿌리와 연결되어 있지 않기 때문이다. 아무리 기계가 좋아도 전기 코드와 연결되어 있지 않으면 작동하지 않는다. 그렇다. 항상 뿌리를, 전원을 확인해야 한다. 교육 역시 마찬가지다. 항상 뿌리를 먼저 살펴야 한다. 속도보다 방향이 중요하다.

1. 만일 내 아이를 다시 키운다면 어떻게 키우길 원하는가?

2. 가정이 주도하는 교육에 대해서 어떻게 생각하는가? 신명기 6장 4절과 에베소서 6장 4절을 통해서 알 수 있는 교육의 원리에는 어떤 것이 있는가?

3. 자녀를 교육하는 부모로서 나의 교육의 목표는 무엇인가?

4. "영적 미성숙보다 자녀와 부모 세대의 신앙 단절이 더 큰 문제라는 것을 깨닫기 시작했다"는 티모시 폴 존스의 말에 대해서 어떻게 생각하는가?

5. 나의 마음은 히스기야의 마음(왕하 20:19)과 모세의 마음(출 32:9-13) 중 어디에 더 가까운가?

6. 교육과 관련해서 내가 듣고 있는, 나의 심장에 새긴 하나님의 말씀은 무엇인가?

7. 현시대에 원안적 교육이 가능하다고 생각하는가?

3부
누가 교육할 것인가?

1
구인 광고

One
Point

영상 하나를 봤다. 사람을 찾는 구인 광고 영상이었다. 면접은 온라인으로 진행하는 방식이었다. 이 직업을 위해 감당해야 할 조건들이 정말 많은데 중요한 것 몇 가지만 정리하자면 다음과 같다. 다음을 보고 당신의 경우 이 직업을 택할 것인가를 생각해 보라.

직함: 상황실장(작전운영국장)

기동성이 대단해야 한다.

일하는 동안 지속적으로 서 있어야 한다.

지속적으로 최대의 노력을 기울여야 한다.

업무 시간은 일주일에 135시간 혹은 무한정적인 시간이다.

뛰어난 협상 기술과 인간관계의 기술이 필요하다.

의학, 재정, 요리법 등에 대한 학위가 필요할 수도 있다.

경우에 따라서는 고객과 함께 밤을 새워야 한다.

생명을 대신하는 희생을 하기도 해야 한다.

휴일에는 해야 할 일들이 더욱 늘어난다.

모든 순간 명랑하게 일을 해야 한다.

급여는 전혀 없다.

당신 같으면 이런 조건의 일을 하겠는가? 사람들은 비인도적이고, 미친 짓이라며 당장 고소하려 할 것이다. 하지만 이미 수백만의 사람들이 이 일을 하고 있다고 말한다. 과연 누가 이런 말도 안 되는 일을 한단 말인가?

"엄마!"

흥분했던 사람들은 '엄마'란 말을 듣는 순간 울컥한다. 순간 먹먹한 정적이 흐른다. 반박할 수 없다. 그렇다. 이런 말도 안 되는 일을 모든 엄마가 이미 하고 있었던 것이다. 우리 모두는 이런 어머니 때문에 성장할 수 있었다.

그럼 아버지들은 뭐 하고 있었는가? 역시 영상 하나를 봤다. "가장, 지키고 싶은 꿈"이란 영상이었다. 한 고등학교를 찾아서 청소년들의 꿈을 알아보는 장면으로 시작한다. 첫째는 죽기 전에 꼭 해 보고 싶은 당신의 꿈이 무엇인가를 묻는다. 둘째는 앞으로 살날이 1년밖에 안 남았다면, 당신의 꿈을 이루는 것과 5억 원 중 무엇을 선택하겠는가를 질문한다.

아이들은 저마다의 꿈을 말하느라 흥분되어 있다. 그리고 모두들 이구동성으로 돈보다는 꿈을 선택하겠다고 한다. 꿈을 말하는 것만으로도 신나 있는데 갑자기 암전이 된다. 그리고 이들의 아버지들에게 똑같이 두 가지 질문을 했던 영상을 보여준다. 사실 영상의 핵심은 아이들의 꿈이 아니라 아버지들의 꿈을 듣는 시간이었던 것이다. 첫 번째 질문에 아버지들의 꿈은 한결같았다. 다 가족과 자녀를 위한 것이었다. 마치 자신이란 존재는 없는 것처럼 아버지들의 꿈은 한결같이 가족을 위한 것이었다. 두 번째 질문 역시 다 한결같았다. 전부 5억을 선택했다.

왜, 실망했는가? 역시 어른들이라 현실적인 선택을 한 것인가? 아니다. 전부 자녀들 때문이었다. 자신의 꿈을 이루는 것도 너무 좋은 일이지만 남겨진 자녀를 생각할 때 그들이 무엇인가를 시도할 수 있는 기초 자금이라도 남겨 주고 싶은 것이 아버지의 마음이다. 자신보다 자신이 죽은 이후 남겨질 자녀들을 먼저 생각한 것이다. 모든 아이가 눈물을 훔친다.

나 역시 부모와 두 자녀를 둔 입장에서 100퍼센트 공감하는 내용이었다. 그렇다. 그들이 바로 우리의 아버지, 어머니, 부모님이다. 부모는 자녀를 위해서라면 못 할 것이 없다. 자신의 목숨이라도 내놓을 수 있다.

그런데 이게 어찌된 일인가? 자녀를 위해서라면 무엇이든 다 할 수 있는 부모님들이 정작 자녀를 위해서 무엇을 해야 할지 모를 상황을 자주 경험한다. 자녀들의 이러저러한 문제에 대해서 어떻게 손을 써야 할지, 어떻게 말을 해야 할지, 어떻게 개입해야 할지를 몰라 발을 동동거리는 상황을 너무나 자주 경험한다.

모든 부모는 아프다. 아프니까 부모다. 그리고 부모의 아픔의 90퍼센트는 자녀 때문이다. 자녀 때문에 상처받지 않은 부모가 있을까? 아이들에게 싫어하는 대상을 물으면 변하지 않는 부동의 1위가 엄마다. 아빠들은 거의 순위에 없다. 아빠들이 잘해서인가? 아니다. 아이들은 아빠에게 아예 신경을 쓰지 않는다. 처음부터 선택 리스트에서 빠져 있는 것이다. 요즘 바퀴벌레 가족들이 많아지고 있다고 한다. 불이 켜지면 바퀴벌레가 제각기 도망을 치듯이, 거실에 모여 있던 가족들이 아빠가 집에 들어가면 각자 제 방으로 흩어지는 것을 일컫는다.

자녀가 부모 때문에 받는 상처 못지않게 부모 역시 자녀 때문에 상처를 받고 있다. 한 집에서 살고 있지만 부모와 자녀 사이의 간극은 좁혀지지 않는 가정이 많아지고 있다.

'비동시성의 동시성'이란 용어가 있다. 독일의 철학자 에른스트 블로흐(Ernst Bloch)가 한 말로서 다른 시대에 존재하는 사회적 요소들이 같은 시대에 공존하는 현상을 가리키는 것이다. 고려대학교 임혁백 명예교수는 에른스트 블로흐의 말을 가져와 우리나라가 비동시성의 동시성을 지니고 있다고 말했다. 그렇다. 서양에서 300-400년 만에 이룬 현대화를 한국에서는 60-70년 만에 일구었다. 즉 동시대에 전근대, 근대, 탈근대의 여러 세대가 함께 살아가게 된 것이다. 서로 다른 삶의 가치관을 가진 사람들이 함께 산다는 것은 불통을 낳을 수밖에 없다. 결과적으로 압축 성장이 압축 스트레스를 낳게 되었다. 부모는 자녀들의 생각과 가치관이 이해되지 않는다. 자녀 역시 부모가 답답해서 대화가 단절된 가정이 한둘이 아니다.

상황이 이렇다 보니 부모들은 단체적으로 학습된 무기력을 경험하고 있다. 서로 간의 갈등의 골이 깊어질수록 부모들의 무기력과 무능력이 고조되어 지금 당장에라도 포기하고 싶어 백기를 만지작거리는 부모들을 보곤 한다. 하지만 아직 이르다. 아니, 절대로 백기를 들어서는 안 된다. 포기해서는 안 된다. 내 자녀는 나만이 교육할 수 있다. 어느 누구에게 나의 생명보다 귀한 자녀를 맡긴단 말인가! 결코 그럴 수 없다. 나만이 내 자녀를 진심으로 사랑하고 진심으로 교육할 수 있다. 아이들은 부모를 찾고 있다. 자신들을 올바른 길로 인도해 줄 부모를 찾고 있다. 그러니 마음을 다잡고, 인내심을 가지고 책을 더 넘기기 바란다.

2
나는 부모다

One Point

아이는 엄마 배 속에서 10개월 동안 세상으로 나갈 준비를 한다. 부모 역시 10개월 동안 아이를 맞을 준비를 한다. 처음 딸아이를 낳은 날을 잊지 못한다. 내 인생 가운데 가장 긴장한 날 중에 하나다. 12시간의 진통 끝에 딸아이가 머리를 보여 주었다. 그리고 곧이어 아이가 태어났다. 그러다 한참 후에 깨달은 것이 있었다. 나 역시 부모로 태어났다는 것이다.

이전에 한 번도 불리지 않은 이름, 아빠, 부모…. 나는 딸아이가 태어나는 순간 새롭게 다시 태어났다. 나는 아빠다. 천생 여자였던 아내 역시 엄마로 태어났다. 여자는 약하지만 어머니는 강하다고 했던가! 아내는 하루 만에 다른 존재가 되었다. 엄마가 되었다.

인기리에 방영된 드라마 〈응답하라 1988〉에 나오는 한 장면이 떠오른다. 언제나 언니만을 우선으로 여기는 부모에게 둘째 딸 덕선이가 서러움을 토로하자, 이때 아버지가 눈시울을 붉히며 말한다. "아

3부 누가 교육할 것인가?

빠, 엄마가 미안하다. 잘 몰라서 그래. 첫째 딸은 어떻게 가르치고, 둘째는 어떻게 키우고, 막둥이는 어떻게 사람 만드는지 몰라서…. 아빠도 아빠가 처음이라."

그렇다. 아이가 태어나는 순간 부모도 태어난다. 부모는 아이가 태어나기 10개월 전부터 마음의 준비를 하고 아이가 태어날 때 불편함이 없도록 모든 것을 준비한다. 하지만 부모로 태어날 스스로를 위해서는 무엇을 준비하는가! 부모는 모든 것이 처음이다. 마치 처음 아이가 걸음마를 배우듯이 부모 역시 부모로서의 걸음마를 배운다. 그때부터 좌충우돌 양육 전쟁이 벌어진다.

그때 참 많이 봤던 책이 『삐뽀삐뽀 119』(그린비) 시리즈다. 이는 초보 부모의 바이블과 같은 책으로, 아이를 돌보는 중 벌어지는 응급상황에 대한 대처 방안을 다룬 참 고마운 책이다. 아이들을 돌보며 문제가 생길 때마다 마음을 졸이며 경건한 마음으로 봤던 추억이 있다.

하지만 이보다 먼저 봐야 할 필독서가 있다. 바로 성경이다. 아이를 양육하는 데 있어 『삐뽀삐뽀 119』보다 더 중요한 책이 바로 성경이다. 교육이란 프레임으로 보면 성경의 모든 내용은 교육에 관한 ABCD를 말해 준다. 특별히 신명기 6장은 부모로서의 양육에 대한 핵심을 언급한다.

"이스라엘아 들으라 우리 하나님 여호와는 오직 유일한 여호와이시니"(신 6:4).

본문에서 모세가 일차적으로 들어야 할 대상으로 언급한 사람은 누구인가? 이스라엘이다. 5절에서는 이스라엘을 '너는'이란 2인칭 대명사로 바꾸어 언급하고 있다.

"너는 마음을 다하고 뜻을 다하고 힘을 다하여 네 하나님 여호와를 사랑하라"(신 6:5).

여기서 말하는 '너는'은 누구를 말하는가? 뜻을 다하고 힘을 다해 하나님 여호와를 사랑해야 할 '너는'은 일차적으로 누구인가? 성경은 일차 독자와 이차 독자를 구분해서 봐야 한다. 성경이 처음 기록될 때 그 말씀을 듣고 있는 일차 독자들이 있었다. 본문의 경우 일차 독자인 '너는'은 부모다. 전인격적으로 하나님을 사랑해야 할 대상 역시 부모다.

"오늘 내가 네게 명하는 이 말씀을 너는 마음에 새기고"(신 6:6).

말씀을 마음에 새겨야 할 일차 대상은 누구인가? 이 역시 부모다. 그렇다. 하나님이 일차적인 교육의 대상으로 보신 것은 자녀가 아니라 부모였다. 쉐마 말씀을 마음에 새겨야 할 일차적인 대상은 부모다. 부모가 성장한 만큼 자녀가 성장할 수 있다. 부모는 가르치기 전에 먼저 가르치기에 적합한 사람이 되어야 한다. 무엇인가 옳은 말을 한다고 교사가 되는 것은 아니다. 옳은 말을 하는 것보다 중요한 것은 옳은 존재가 되는 것이다. 아이들은 좋은 말을 듣는 것이 아니라 좋아하는 사람의 말을 듣는다. 전달하는 내용보다 누가 전하느냐가 더욱 중요하단 말이다.

성경은 부모들이 가르쳐야 할 내용보다도 부모로서의 됨됨이를 먼저 언급한다. 부모가 먼저 말씀을 들어야 한다. 부모가 먼저 하나님을 전인격적으로 사랑해야 한다. 부모가 먼저 말씀을 마음에 새겨야 한다. 그때 교육이 영향력을 지니게 된다.

"네 자녀에게 부지런히 가르치며 집에 앉았을 때에든지 길을 갈 때에든지 누워 있을 때에든지 일어날 때에든지 이 말씀을 강론할 것이며"(신 6:7).

이때의 가르침이 변화를 이루어 낸다. 부모로서 늘 명심하는 구절이다. 그렇다. 부모가 먼저 본을 보여야 한다. 스마트폰 그만 보라고 하면서 부모가 스마트폰을 손에서 내려놓지 못한다면 자녀가 부모의 말을 따르겠는가! 하나님을 잘 믿으라고 하면서 하나님을 잘 믿는 모습을 보여 주지 않는다면 아이들이 부모의 말을 신뢰하겠는가! 오늘날 가정교육이 안 되는 이유 중에 하나는 부모도 안 되는 것을 아이들에게 강요하기 때문이다. 말하는 부모는 민망하고 듣는 아이들은 어처구니가 없다.

정말 기가 막히다! 어떻게 그러는지 모르겠다. 나는 결단코 한 번도 가르친 적이 없다. 하지만 닮아도 너무 닮았다. 나는 잠을 잘 때

거의 차렷 자세로 잔다. 엎드려서 자는 아내는 이런 나를 이해하지 못한다. 그런데 나를 축소해 놓은 듯, 나의 외모를 빼닮은 둘째 딸은 자는 모습까지 어쩜 그리 나를 닮았는지 모른다. 반면 첫째는 엄마처럼 엎드려서 잔다. 둘째는 내가 좋아하는 음식까지도 닮았다. 나는 편식하지 말라고 늘 말하는데도 아이가 먹는 것을 보면 내가 좋아하는 것만 먹는다. 누구를 보고 배웠는지 할 말이 없다.

뇌신경 과학자들에 의하면 '거울신경세포'(Mirror Neuron)란 것이 있다고 한다. 한 개체가 다른 개체의 특정한 움직임을 보고 거울처럼 따라 하게 하는 세포가 있다는 것이다. 나는 영적 거울신경세포가 있다고 믿는다. 영적인 부분이야말로 말이 아닌 행동을 보고 배울 수 있다. 자녀는 부모의 말이 아니라 뒷모습을 보고 자란다. 그래서 문제아는 없고 문제 부모만 있다고 하는 것이다. 행동은 말보다 크게 말한다고 한다. 신앙 교육에서는 더욱 그러하다. 수영을 책으로만 배울 수는 없지 않은가? 운전을 실내 연습장에서만 배울 수는 없지 않은가? 보여 주어야 한다. 부모가 성경대로 사는 모습을 보여 주어야 한다.

어떤 목사님이 이런 말을 했다. "신앙생활은 생활신앙으로 이어져야 한다." 바로 이것이 내가 하고 싶은 말이었다. 신앙생활과 생활신앙은 앞뒤 글자만 바뀌었을 뿐 똑같은 단어다. 하지만 의미는 완전히 다르다. 그러나 결국 같은 말이어야 한다. 신앙생활은 생활신앙으로 증명되어야 한다. 생활신앙은 또한 신앙생활로 확인되어야 한다.

3부 누가 교육할 것인가?

나는 부모다. 부모로서 첫 번째 지침은 본을 보이는 것이다. 부족하지만 최선을 다해서 말씀대로 살아가는 모습을 보여 주어야 한다.

최선을 다했지만 부족하다면 자녀에게 솔직히 고백해야 한다. 약함을 고백하는 부모의 모습을 통해서 자녀는 더 많은 것을 배울 것이다. 나는 자녀를 온전히 양육하기에 부족한 부모일 수는 있지만 자녀 양육을 포기한 부모가 되기는 원치 않는다. 나는 부모이기 때문이다.

3
전혀 새로운 것이 아니다

One Point

"우리는 프로그램의 근본적인 변화를 추구하지 않는다. 우리가 추구하는 것은 신선한 사고방식이다. 그것은 바로 부모와 가정이 모든 사역 프로그램과 신앙 훈련에 결정적인 역할을 담당하는 것이다."
_브랜드 쉴즈(하이뷰 침례교회 고등부 사역자)

내 자녀를 내가 가르치자는 것은 전혀 새로운 것이 아니다. 이것은 인간이 이 땅에 존재하는 순간부터 진행되어 온 교육 방법이다. 내 자녀를 내가 가르치자는 데 동의하지 않을 부모가 있을까? 우리는 2부에서 기독교 교육의 목적에 대해서 생각해 보았다. 기독교 교육의 목적은 인간이 아닌 인간을 만드신 하나님이 정하신다. 그것은 대세를 따르는 교육이 아니라 세대를 고려하는 교육이다. 다음세대가 오직 유일하신 하나님만을 사랑하도록 교육하는 것이다. 이것이 가능하기 위해서는 부모가 동원될 수밖에 없다. 아니다. 동원이 아니라, 부모가 원래의 위치를 되찾는 것이며, 부모가 해야 할 본연의 일을 하는 것이다. 신혼부부를 대상으로 강의할 때마다 강조하는 것이 있다. "남편들이여, 집안일을 도와주려고 하지 마라. 도와주는 것이 아니라 당신들의 일을 하는 것이다." 내 집안일인데 도와준다는 것은 말이 안 된다. 그 일 역시 내가 할 일, 함께할 일이다. 교육 역시 마찬가지다. 교육은 부모의 일이다.

내 자녀는 내가 가르치는 것이 맞다. 지금쯤 이 책을 읽는 부모들의 입이 근질근질할 것이다. '이게 현대 사회에 맞는 이야기인가?', '이 책을 쓴 사람은 분명 자녀가 없을 것이다' 이런 소리가 들리는 것만 같다. 하지만 나 역시 두 자녀를 둔 부모이기에 날마다 삶의 현장에서 확인하고 있다. 내 자녀임에도 불구하고 내가 가르치는 것이 무척이나 힘들다. 하지만 굉장히 의미 있는 일이다. 내가 이 땅에서 하는 일들 가운데 단언컨대 가장 중요한 일이며, 오직 나만이 할 수 있는 일이다. 그리고 자녀들과 함께한 모든 교육의 시간은 내 인생 가운데 가장 빛나는 추억들이 되었다. 절대로 포기할 수 없는 일이다.

근대 산업화 이전에는 모두 다 가정에서 부모에게 교육을 받아왔다. 도리어 나의 자녀를 다른 사람이 교육시킨다는 것은 이해할 수 없는 일이었다. 하지만 근대 산업화의 발흥과 함께 더 이상 아버지들이 가정에 집중하지 못하게 되었다. 변화된 사회에 맞게 가족의 구조 또한 변해야만 했다. 아침 일찍 집을 나가 늦은 밤까지 일을 해야 했기 때문이다. 자녀들의 교육에 대한 책임이 이제는 어머니들에게 집중되었다. 하지만 어머니 역시 역부족이기는 마찬가지였다. 19세기에 접어들면서 교회적으로는 자유주의 신학 운동이 일어났고, 사회적으로는 존 듀이(John Dewey)의 진보적 교육 이론이 지배적이었다. 그리고 얼마 안 되어 교회 안에도 존 듀이의 교육 방법이 들어와 자리를 잡게 되었다. 존 듀이식 학교 교육 형태를 띤 교회 교육의 문제는 웨스터호프의 지적과 같이 교회라는 특징을 잃어버린 채 교육 시설 확충, 커리큘럼 개편, 교사 양성, 연령별 클래스 편성 그리고 개인 지도에 주력하는 학습 센터의 설치 등에 집중했다는 것이다. 그리고 이런 부분들이 잘되면 교회 교육이 잘되고 있다고 착각했다. 이와 같은 흐름 속에서 교회 안에 짝귀 미키마우스와 뇌 없는 문어가 등장했다. 스튜어트 커밍스-본드(Stuart Cummings-Bond)는 기가 막힌 비유로 교회 교육의 문제점을 드러냈다. 이후 교회 교육의 문제점을 언급하는 많은 책에 짝귀 미키마우스가 소개되었다. 하지만 아직까지 짝귀 쥐를 제대로 잡지 못해 교회 안에서 활보하고 있기에 이 책에서 다시 한 번 인용해 보고자 한다.

전통적인 교회 공동체의 모임은 하나였다. 모든 세대가 다 같이 모여 함께 예배를 드렸다. 한 공간에서 예배를 드리는 것만으로도 전 세대는 영적인 하나 됨을 느낄 수 있었다. 하지만 시간이 지날수록 교회 안의 청소년들이 교회 밖으로 나가는 현상이 벌어졌다. 문화의 주도권이 교회에서 세상으로 옮겨지면서 많은 청소년들이 자신들에게 끌리는 문화로 발걸음을 옮기기 시작한 것이다. 교회는 다음세대의 위기를 맞이하게 되었고, 특단의 조치를 취하게 되었다.

2,000년 기독교 역사상 한 번도 해 보지 않은 일을 시도하는데, 바로 교회 내에 청소년 부서를 두는 것이었다. 지금으로서는 그렇게 하지 않는 교회가 이상한 교회처럼 느껴지지만 당시로서는 코페르니쿠스적인 발상의 전환이었다. 교회는 청소년들에 맞게 예배, 사역자, 찬양, 문화를 만들었고 청소년들은 다시 교회로 돌아오기 시작했다. 이 모습이 바로 귀가 하나인 짝귀 미키마우스 모양이다.

교회 안에 짝귀 미키마우스가 등장하게 된 것이다. 의도가 좋았고 시도는 참신했으며 결과도 대만족이었다. 곧이어 다른 연령층에서도 부서를 만들기 시작했다. 취학부, 영아부, 청년부, 장년부, 노인부 등 다양한 부서들이 한 교회 안에 존재하게 되었다. 이 모습을 위에서 보면 문어의 모양인데, 문제는 뇌가 없다는 것이다. 즉 같은 교회를 다니나 서로 다른 말씀을 배우기 때문에 뇌 없는 문어의 모양이 되었다는 것이다.

그렇다면 짝귀 미키마우스와 뇌 없는 문어가 왜 문제가 되는가? 그것이 뭐가 잘못되었단 말인가? 지금 이렇게 안 하고 있는 교회가

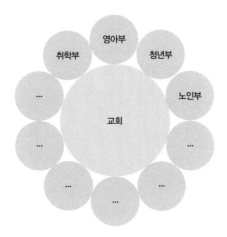

있단 말인가? 너무나 일반적인 교회의 모습인데 말이다. 하지만 기독교 교육의 현장에 있으면서 짝귀 미키마우스와 뇌 없는 문어 때문에 다음과 같은 문제가 발생하는 것을 경험한다.

첫째, 근본적으로 기독교 교육의 가치를 훼손시켰다. 존 듀이의 영향으로 교회를 학교화시켰다. 교육(education)과 통학(schooling)은 구분해야 한다. 웨스터호프의 지적과 같이 학교형 교육은 교육의 한 형태일 뿐 교육의 모든 것을 담을 수는 없다. 더군다나 교회 교육에서 중요한 것은 교육보다 '교회'에 있다. 교회라는 특징을 잃어버린 학교식 교육은 하나님의 사람을 양성해 낼 수 없다.

둘째, 공동체성의 파괴다. 하나님은 공동체를 강조하신다. 하나님 역시 삼위로서 공동체로 존재하신다. 자신을 소개하실 때도 아브라함의 하나님, 이삭의 하나님, 야곱의 하나님으로 3세대를 언급하신다. 이미 존 웨스터호프, C. 엘리스 넬슨(C. Ellis Nelson), 찰스 포스터 (Charles Foster) 같은 교육학자들은 학교형 교육의 한계를 인식하고 새로운 대안으로서 신앙 공동체 패러다임을 강조했다. 그렇다. 짝귀 미키마우스와 뇌 없는 문어형의 교회 구조 속에서는 같은 교회를 다니나 다른 교회를 다니는 것과 별반 다르지 않다. 세대 간에 공유되는 것이 없다. 도리어 여름 수련회 기간이 되면 세대 간에 경쟁을 하기도 한다. 더군다나 부서를 나눈 이유는 부서 안에서 그들만의 신앙 문화를 만들기 위함이었는데 지금은 아이들이 한 시간 예배 후에 학원으로 가야 하기 때문에 각 부서만의 문화도 없는 상황이 되었다. 이렇게 말하기 정말 싫지만, 교육 부서가 부모들이 예배드리는 동안 자녀를 맡겨 두는 탁아소 같은 느낌을 지울 수가 없다.

셋째, 틈새의 문제다. 모든 교회 학교 사역자들이 연말이 되면 가장 많이 신경 쓰는 부분이 부서 간 이동 중 아이들의 누수를 막는 것이다. 미취학부에서 취학부로 올라갈 때, 취학부에서 중등부, 중등부에서 고등부 그리고 고등부에서 대학부로 올라갈 때 그 틈새를 통해서 수많은 아이가 빠져나간다. 결코 작은 틈새가 아니다. 부서를 많이 나눈 경우는 더욱 심하다. 각 부서 간의 분위기, 문화, 교육의 스타일이 너무 달라 아이들이 적응하지 못하기도 한다.

넷째, 가장 심각한 문제는 부모들의 교육 아웃소싱(Outsourcing)이다. 부모들은 자녀를 각 부서에 데려다주는 것으로 자신들의 교육적 역할을 다했다고 여기게 되었다. 얼마나 믿음이 좋은지 그 부서에 데려다 놓기만 하면 아이들의 믿음이 잘 자랄 것이라고 믿는다. 교회 학교를 믿어 주는 것은 감사한 일이지만 부모가 자녀 교육에 무

관심하면 안 된다. 요즘 부모들은 부업으로 퀵 서비스를 하는 것 같다. 아이들의 예배 시간에 거의 맞춰 아이들을 배달해 준다. 그리고 예배 마치는 시간 정각에 나타나 아이들을 학원으로 배달해 간다. 뭐가 그리 바쁜지 늘 급하다.

그렇다면 어떻게 해야 할까? 짝귀 미키마우스를 잡아먹을 양 귀고양이를 두어야 할까? 우리에게 필요한 것은 새로운 대안이 아니라 '원안'(原案)이다. 부모가 다시 자녀 교육의 링 위로 올라와야 한다. 지금까지 구경했으면 할 만큼 했다. 이제는 다시 뛰어야 한다. 전혀 새로운 것이 아니다. 원래 했었던, 해야만 했던, 마지막까지 해야만 하는 자녀 교육의 첫 번째 교사로서의 역할을 해야 한다. 부족해도 괜찮다. 아는 것이 없어도 괜찮다. 단지 부모가 가르친다는 것만으로도 바른 교육을 실시하고 있는 것이다.

이전 교육에서 중요한 것은 '무엇을(What) 가르칠 것인가'였다. 그래서 탁월한 교육 교재를 많이 개발했다. 탄탄한 커리큘럼으로 시대적인 교육 사상을 담은 교재들이 정말 많아졌다. 예전에는 교육 자료가 없어서 고민이었는데 이제는 너무 많아서 무엇을 봐야 할지 고민이 될 정도다. 그런데 시간이 지날수록 '무엇을 가르칠 것인가'보다 '어떻게(How) 가르칠 것인가'가 더욱 중요함을 깨달았다. 아무리 좋은 교재라 할지라도 가르치는 교육 방법과 전달이 잘못되면 효과가 없기 때문이다. 그래서 이제는 '어떻게 가르칠 것인가'에 대한 방법론의 발전이 있어 왔다. 그런데 또 시간이 지날수록 '어떻게 가르칠 것인가'보다 '누가(Who) 가르칠 것인가'가 더욱 중요함을 깨닫게 되었다. 교재가 안 좋아도, 아니 교재가 없어도, 가르치는 방법이 투박해도 이상하게 아이들이 그 선생님과 만나면 변화되는 일이 벌어지는 것이다. 아이들은 좋은 내용을 잘 전달하는 교육보다 좋아하는 사람의 말을 더 잘 듣는다는 것을 깨닫게 된 것이다. 그렇다. 교육에서 누가 가르칠 것인가는 매우 중요한 문제다. 더군다나 신앙 교육에서는 더욱 그렇다. 누가 가르칠 것인가? 세상에서 가장 고귀하고 아름다운 이름을 지닌 당신, 바로 부모다.

1. '구인 광고'(p.82)의 내용을 다시 한 번 살펴보자. 부모로서 이런 말도 안 되는 일을 또 해야 한다면 하겠는가?

2. 모든 부모는 아프다. 당신도 자녀 때문에 아픈 스토리가 있는가?

3. '비동시성의 동시성'에 대해서 어떻게 생각하는가? 한 집에 살지만 서로 간의 의견 차이로 인해서 힘든 경험은 없었는가?

4. 아이가 태어나는 순간 부모 역시 태어난다. 부모로서의 초보 시절을 떠올려 보자. 나는 어떤 실수를 했었는가?

5. 내 자녀를 내가 양육한다고 했을 때 예상되는 어려움이 있다면 무엇인가?

6. 신명기 6장 8절의 말씀을 구체적으로 어떻게 실천할 수 있을까?

7. 현 교회 학교를 구조 조정한다고 했을 때 가장 먼저 손보고 싶은 부분은 무엇인가?

1
가교를 놓다

"가정 사역이란 자녀의 제자 훈련에 주된 책임을 지고 있는 부모
를 일깨우고 훈련시키고 책임지게 하기 위해 교회의 정책과 사역
을 의도적으로 그리고 지속적으로 재조정하는 것이다."

_티모시 폴 존스(Timothy Paul Jones)

교육을 정의하는 것은 쉽지 않은 일이다. 하나의 단어 안에 교육
의 모든 것을 다 담을 수가 없기 때문이다. 특정한 단어로 정의를 내
릴수록 무엇인가 부족함을 느낀다. 교육을 생각할 때 많은 정의가
있겠지만 나는 교육이란 육교라고 생각한다. 나의 생각이 아니라 한
양대학교 유영만 교수의 표현이다. 나는 이 표현이 참 좋다. 기억하
기 쉽기도 하지만 의미를 생각하면 할수록 더 좋다. 생각해 보면 교
육이란 결국 서로 다른 무엇인가를 연결해 주는 것이다. 성경과 나
를 연결한다. 과거와 현재를 연결한다. 현재와 미래를 연결한다. 배

움과 삶을 연결한다. 현실과 꿈을 연결한다. 창조주와 피조물을 연결한다. 이것이 결국 기독교 교육이라고 생각한다.

교육을 육교라고 할 때 반드시 연결해야 할 또 하나가 있는데 바로 가정과 교회, 즉 가교(가정과 교회)를 세우는 것이다. 가교(架橋)란 서로 떨어져 있는 것을 연결해 주는 다리인데 가정과 교회의 연결은 기독교 교육의 핵심이라고 할 수 있다.

"네 자녀에게 부지런히 가르치며 집에 앉았을 때에든지 길을 갈 때에든지 누워있을 때에든지 일어날 때에든지 이 말씀을 강론할 것이며"(신 6:7).

신명기 6장 7절에서 가르침의 장소가 언급되는데 모든 출발과 마지막은 가정이다. "집에 앉았을 때에든지 … 일어날 때에든지", 즉 교육의 장소로서 가정이 강조되고 있다. 가정은 세상으로 나가는 출구이자 세상으로부터 벗어나는 통로다. 모든 것은 가정으로부터 시작되고 가정에서 마무리된다. 그러므로 동의하든 안 하든 가정은 사람이 경험하는 첫 번째 교실이며, 부모는 최초이자 최후의 교사다.

일반적으로 가정에 대한 사전적 의미는 "부부를 중심으로 혈연관계자가 함께 살고 있는 사회의 가장 작은 집단으로서 한 가족이 살림하고 있는 집안(혹은 사회와 국가를 이루는 기본적인 공동체의 단위)"을 의미한다. 하지만 기독교 가정은 일반 가정과는 달리 앞에 수식하고 있는 '기독교'에 의해 절대적인 영향을 받는다. 조지 쉐레어(George M.

Schreyer)는 기독교 가정이란 "그리스도를 주와 구세주로 모시고, 하나님의 명령 아래서 가장 친근한 친교 관계를 이루고 있는 사회적 단위"라고 정의했다. 정정숙 교수는 기독교 가정을 "하나님이 함께하시고 그 하나님의 뜻을 적용하는 가정"이라고 정의했다. 일반적인 가정 역시 배움의 장소지만 '기독교 가정'이라고 했을 때 그 교육적 역할이 강조된다. 기독교적인 가치를 가르쳐야 할 공간이기 때문이다.

사실 가정은 단순히 교육의 장소라고 부르기에는 그 의미가 너무 축소된다. 정확하게 말하자면 가정은 온 우주이자 세상이다. 아이는 태어나는 순간 한 가정 안에 머물게 된다. 아이가 바라보는 가정은 그 아이에게 온 세상이다. 아이가 바라볼 때 가정이 안정적이면 아이는 세상이 안전하다고 느낀다. 하지만 가정이 불안정하며 분위기가 좋지 않으면 아이는 세상이 불안전하다고 느낀다. 그렇다면 부모는 누구인가? 부모는 창조주다. 그러므로 부모가 자신을 향해서 웃어 주면 온 세상이 자신을 향해 웃어 주는 것이다. 부모가 화를 내면 온 세상이 자신을 미워하는 것으로 느낀다. 이처럼 아이를 향한 부모의 태도는 세상에 대한 이미지를 심어 주는 것이므로 매우 중요하다. 아이는 가정을 통해서 세상을 배운다. 또한 가정을 통해 창조주를 배운다. 심리학과 상담학의 연구 결과들을 보면 부모와의 관계가 하나님과의 관계에 지대한 영향을 미친다고 한다. 아이가 가정에서 배우는 기간이 어릴 때만은 아니다. 가정에서의 배움에는 유통 기한이 없다.

물론 가정에서 수학이나 사회, 과학, 외국어를 배우지는 않는다. 나의 경우 그것도 초등학교 때 까지다. 초등학교 5학년만 돼도 웬만한 부모는 수학과 영어를 가르치기 버겁다. 아이들이 먼저 부모의 수준을 파악하고는 고맙게도 질문을 하지 않는다. 중요한 건 이것이다. 부모가 자녀에게 수학을 가르쳐 주지는 못해도 이 세상을 살아가면서 무엇이 더 귀하고 가치 있는지는 가르쳐 주어야 한다. 과학을 가르쳐 주지는 못해도 이 세상을 움직이는 성경의 원리는 가르쳐 주어야 한다. 역사에 대해 해박하지는 않아도 역사의 주인이신 하나님에 대해서는 가르쳐 주어야 한다. 비록 영어는 짧아도 하나님과 깊은 교제 가운데 영적인 소통을 나누는 법을 알려 주어야 한다.

하지만 기독교 가정이 아파하고 있다. 특별히 교육 장소로서의 기능이 약해지고 있다. 그 결과 기독교 가정에서 가장 중요한 부분인 '기독교'라는 단어가 힘을 잃어버리는 경향을 보이고 있다. 기독교 가정에서 '기독교'라는 가치가 구현되지 않는다면 그것은 삼손에게서 머리카락이 잘린 것과 같다. 상담학의 영향으로 '역기능 가정'이란 단어가 친숙해졌다. 하지만 지금은 역기능 가정을 넘어 가정 붕괴, 가정 해체, 가정 파산의 시대를 맞이하게 되었다. 가정의 변화는 외적인 변화뿐만 아니라 내적인 변화도 빠르게 진행되고 있다.

언젠가 길거리에서 시선을 사로잡는 광고를 보았다. 겉모양이 이삿짐 차 같은 모양이었는데 광고가 특이했다. '아빠를 빌려 드립니다.' 아빠를 어떻게 빌려 줄까 궁금했는데 금방 이해가 갔다. 아빠가 집에서 하는 일들을 대신해 주겠다는 것이다. 얼마 지나지 않아 '엄마를 빌려 드립니다'라는 광고도 보게 되었다. 사회가 바쁘다 보니 부모가 해야 할 일들을 아웃소싱해 버리는 것이다. 심지어는 자녀를 낳는 일까지 말이다. 세계적인 축구 선수 중 한 명은 2010년에 대리모를 통해 아들을 낳았고 이를 위해서 180억이 넘는 금액을 지불했다. 2017년에는 또다시 대리모를 통해 쌍둥이를 낳았다. 대리모는 보통 불임 가정에서 아이를 낳기 위해 하는 것인데 그 선수는 그런 경우가 아니었다. 부모가 마땅히 해야 할 자녀를 낳는 일까지도 대리로 행하고 있다.

이제는 자녀를 낳는 일을 시작으로 자녀를 양육하면서 발생하는 감정 소비적 일을 아웃소싱하고 있다. 이런 현상을 두고 미국의 사회학자 앨리 러셀 혹실드(Arlie Russell Hochschild)는 현대 가정의 모습을 '패멕시트'(Familexit)라고 불렀다. 이는 'Family'와 'Exit'를 합친 단어로, 전통 가정에서 부부가 하던 일들을 도우미가 대신하는 경향을 나타내는 말이다. 이런 현상을 반증이나 하듯이 미국 링컨대학에서 5만 명의 학생을 대상으로 '아버지와 TV 중에 어느 한쪽을 선택해야 한다면?'이란 질문에 무려 응답자의 68퍼센트가 'TV'라고 대답했다. 다행히 우리 집에는 나와의 경쟁 상대인 TV가 없다. 미국에서의 일이라 충격이 덜한가? 2006년 행복가정재단에서 전국 7개 도시 가장(家長) 400명을 대상으로 한 조사를 했다. '자녀가 고민이 생길 경우 나와 먼저 의논할 것이다'란 질문에 아버지의 50.8퍼센트가 '그렇다'라고 답했다. 하지만 똑같은 질문에 자녀는 고작 4퍼센트만이 '아버지와 의논하겠다'라고 응답했다. 그렇다면 나머지 96퍼센트의 아이들은 누구와 의논을 한단 말인가!

가슴이 아프다. 그렇다면 신앙적인 부분은 어떨까? 과연 가정에서 신앙적인 교육이 잘 이루어지고 있을까? 우리는 어느새 기독교 교육이란 말을 들으면 파블로프의 개처럼 교회 교육으로 자동적으로 생각한다. 하지만 이는 잘못된 생각이다. 기독교 교육의 핵심이 교회 교육도 아닐뿐더러, 기독교 교육은 우선적으로 가정에 주어진 것이다. 이에 대해 아세아연합신학대학교 대학원 이숙경 교수는 다음과 같이 말한다. "사실상 기독교 교육의 중심에는 교회보다 가정이 있어야 한다. 신명기 교육에 대한 명령은 광야에 있는 이스라엘 백성들에게 주어진 것이었다. 그들의 삶은 은둔적인 것이 아니었다.

… 기독교 교육은 세상으로부터 숨어들어 갈 곳을 찾는 것이 아니라 세상으로 나가기 위해 준비시키는 것이다. 그 준비는 일상적인 삶 속에서 이루어져야 한다. 그것이 곧 가정이다."

세상으로 나가기 위해 준비하는 곳, 또한 세상에서 돌아와 안식을 취하는 곳, 그곳이 바로 가정이다. 가정의 모든 공간, 구석구석이 교육의 공간이다. 무엇보다 가정은 하나님을 만나고, 배우고, 나누며, 체험하는 공간이다. 그렇다면 어떻게 가정이 교육의 주체로서 자리매김할 수 있을까? 이를 위해 교회는 어떻게 도와주어야 할 것인가? 다음 장에서 논의하도록 하자.

2
교육의 중심을 이동하다

One
Point

스펜서 존슨(Patrick Spencer Johnson)의 『누가 내 치즈를 옮겼을까?』(진명출판사)는 세계 많은 나라, 많은 사람에게 변화에 대한 영향을 주었다. 예측 불가능한 상황 가운데 변화에 어떻게 대응할 것인가를 쉽고 재미있게 이야기해 주었다. 결국은 변해야 치즈를 얻을 수 있다는 것이다. 고민한다고, 계획만 짠다고 치즈를 얻을 수 있는 것이 아니라, 치즈는 부지런히 움직이는 자의 것이라고 저자는 말한다. 스펜서 존슨 역시 의사였다가 전업 작가로서의 과감한 변화를 시도한 인물이었다.

나는 이 문장이 『누가 내 치즈를 옮겼을까?』의 중심 메시지라고 생각한다.

"우리에게 주어진 과제는 두 가지라고 생각해. 우리가 포기해야
할 것은 무엇이고 우리가 가야 할 방향은 어디인가 하는 것으로 요

약할 수 있을 거야. 변화는 내일 시작되는 게 아니라 바로 오늘 진
행되고 있으니까."

그렇다. 세상은 변하고 있다. 그러므로 세상 속에 살아가는 사람
들은 변화를 당하든지, 변화를 하든지 둘 중 하나의 과정을 겪을 뿐
이다. 어떤 선택을 하겠는가! 기독교 교육 역시 교육의 중심을 이
동해야 한다. 기존의 공간에서는 치즈를 얻을 수 없다. 치즈를 얻을
수 있는 곳으로 이동해야 한다. 다음과 같은 부분의 이동은 필수적
이다.

>>> 교육의 중심 이동
교실 중심 → 가정 중심
교사 중심 → 부모 중심
지식 중심 → 관계 중심

어쩌면 이와 같은 이동은 새로운 곳으로의 이동이라기보다는 원
래 있어야 할 자리로의 이동이다. 먼저는 교실 중심에서 가정 중심
으로 이동해야 한다. 기독교 교육이 교회 학교 중심으로 행해진 것
은 역사적으로 볼 때 오래되지 않았다. 1780년대 이전에는 기독
교 교육이 가정 중심의 교육이었다. 교회 학교의 기원은 1780년 로
버트 레익스(Robert Raikes)가 영국 글로체스터에서 시작한 주일학교
(Sunday School)다. 주일학교는 그 후 영국은 물론 미국과 전 세계에

확산되었다. 처음 로버트가 시작할 때의 주일학교는 학교조차 제대로 갈 수 없는 가난한 아이들과 청소년들을 대상으로 보상적 교육을 실천하는 사회 교육이었다. 방치된 아이들은 거리로 나와 말다툼, 욕설, 폭력 등을 행사했고 레익스는 이들의 문제는 무지에서 비롯되었다고 생각해서 이들을 교육할 수 있는 교육 기관으로 주일학교를 시작했다. 처음 주일학교가 만들어질 때 많은 반발이 있었지만 불과 4년 만에 영국에서만 주일학교 학생 수가 25만 명에 이르도록 급증했고, 1785년에는 '런던 주일학교공회'가 결성되었다. 영국의 주일학교는 미국으로 건너가 영국에서와 같이 급성장했다. 교회 주일학교는 시대가 요구한 교육이었고, 필요 중심의 교육은 잘 정착되는 듯 보였다. 하지만 영국과 마찬가지로 미국에서도 신앙 교육의 중심이 되어야 할 가정이 변두리로 밀려나게 되고, 가정은 교회로 교육을 떠넘기는 현상이 벌어졌다. 이때부터 교육의 중심이 되어야 할 가정은 힘을 잃었고, 부모는 교사로서의 역할을 하지 않게 되었다. 하지만 아무리 좋은 교육도 가정이 배제된 교육은 기독교 교육 일수 없다. 가정에서 배우는 교육은 "비형식적이고 무의도적인 과정"이다. 지식 중심도 아니고 교육을 평가할 만한 평가 기준도 없다. 하지만 신앙과 인생과 가치관에 대한 교육이고 가정에서 행해지는 의식주 모든 것을 통한 교육이다. 가정은 교육과 실습이 한 공간 안에서 동시에 이루어지는 교육 강단이다.

　교육은 또한 지식 중심이 아니라 관계 중심이어야 한다. 교육을 하면 할수록 느끼는 것은 교사가 가르치는 모든 것을 학생이 배우는 것은 아니라는 것이다. 교사와 학생의 배움 사이에는 큰 차이가 있다. 이 차이를 줄이기 위해 중요한 것은 좋은 관계를 맺는 것이다. 아이들은 좋은 이야기를 듣는 것이 아니라 좋아하는 사람의 이야기를 듣기 때문이다. 좋은 이야기는 인터넷과 신문에 가득 차 있다. 하지만 영향력이 없다. 더군다나 포스트모던 시대의 특징 중에 하나처럼 지금은 절대적 진리와 절대적 가치에 대한 권위가 무너진 시대다. 아이들은 말하는 사람이 어른이라고, 교사라고, 부모라고 일방적으로 듣지 않는다. 어른 역시 자신들이 어른이라고, 교사라고, 부모라고 학생들에게 일방적인 것을 요구할 수 없는 시대다. 하지만 분명한 사실 중에 하나는, 아이들은 좋아하는 사람의 이야기는 듣는다는 것이다. 사회적 지위와 학력을 떠나 좋아하는 사람의 말은 영향력이 있다. 그러므로 교육은 관계 중심이어야 한다. 나의 가르침이 단지 하나의 정보로 남게 하려고 작정하지 않았다면 교사는 반드시 관계를 먼저 쌓아야 한다.

교육의 공간에 대한 고민을 할 때 통찰력을 주었던 몇 권의 책이 있었다. 책을 보면서 어두운 내 머리에 빛이 비치는 듯한 경험을 했다. 그 첫 번째 책은 레지 조이너(Reggie Joiner)의 『싱크 오렌지』(디모데)다. 레지 조이너는 가정과 교회의 연합 사역을 오렌지를 예를 들어 설명한다. 교회는 밝은 빛을 상징하는 노란색이고, 가정은 피를 상징하는 빨간색으로 이 둘이 만나면 오렌지색을 만들어 낸다. 교회 교육은 오렌지색을 만들어 내는 사역으로, 가정과 교회는 연합 사역을 해야 한다고 강조한다.

레지 조이너는 교육 공간으로서의 가정의 중요성을 위해 다음과 같은 그림을 보여 준다.

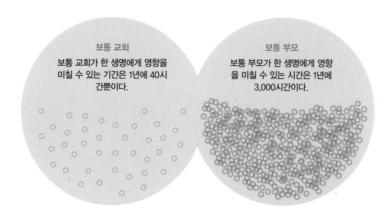

보통 교회에서 아이들이 머무는 시간은 1년에 40시간 정도다. 1년을 52주라고 할 때 평균 40시간 정도 머문다는 것이다. 그런데 가정에서 부모와 아이가 함께하는 시간은 1년에 3,000시간이다. 눈이 번쩍 뜨인다. 우리는 그동안 황금의 땅을 놓치고 있었던 것이다. 더 많은 변화의 기회가 있는 땅을 돌보지 않아 황무지처럼 만들었던 것이다.

동일한 이야기를 론 헌터(Ron Hunter)는 『신6』(디씩스코리아)에서 시간의 양으로 설명했다. 일주일의 시간은 168시간이다. 그중에서 아이들이 하루 평균 잠을 자는 시간을 7시간이라고 했을 때 일주일에 49시간을 잔다. 학교에서 하루 평균 7시간을 보내고 일주일에 5일을 학교에 간다고 했을 때 일주일에 평균 35시간을 학교에서 보낸다. 그러므로 일주일인 168시간 중에 잠으로 49시간, 학교에서 35시간을 사용하면 절반인 84시간이 남는다. 교회에서는 얼마의 시간을 보낼까? 설교 시간을 평균 30분으로 잡고, 공과 공부 시간을 평균 30분으로 했을 때 일주일에 단 한 시간 말씀에 대해서 배운다. 그렇다면 이제 남는 시간은 83시간이다.

그렇다. 1년으로 하면 3,000시간, 일주일로 하면 83시간은 남겨진 시간이다. 결국 이 시간에 무엇을 하느냐가 인생을 구분 짓는 것이다. 자기 주도적이고 자의지가 강한 몇몇의 아이들을 제외하고는 이 시간은 보통 계획하지 않은 일들로 채워진다. 어른들이 보기에 때로는 쓸데없어 보이는 일들로 채워진다. 다음세대의 회복을 위해서는 이 시간들 속으로 적극적으로 들어가 그들의 시간을 기독교적으로 사용해야 한다.

생각해 보면 일주일에 한 시간 말씀을 가르친 이후에 나머지 167시간을 배운 대로 살 것을 기대한다는 것은 비합리적이다. 이렇게 비합리적인 교육을 왜 계속 고수하는가! 왜 교육의 자리를 가정으로 이동하지 않는가! 교육은 일차적으로 질보다는 양이라고 생각한다. 질 좋은 교육은 중요하다. 그렇게 해야 한다. 하지만 교육이란 일차적으로 아이들과 함께하는 시간이 많아야 한다. 배고픈 아이에게 질 좋은 스테이크 한 조각보다는 거친 빵이라도 열 개를 먹이는 것이 더욱 바람직할 것이다.

이동해야 한다. 교육의 중심이 이동해야 한다. 단지 교육의 장소를 가정으로 옮기는 것만으로도 엄청난 교육적 효과가 있다. 최근에 주목받고 있는 교육학자 파커 파머(Parker Palmer)는 교육에 대한 새로운 패러다임을 깊이 있는 언어로 이야기하며 대중과 소통하고 있다. 기존의 교육은 '지식을 가르치는 행위'와 같은 것이었다. 하지만 파커 파머는 "가르침이란 진리에 대한 순종이 실천되는 공간을 창조하는 일"이라고 정의했다. 종래의 교육은 배운 바를 실천할 만한 공간이 부족했다. 부족한 정도가 아니라 공간 자체를 신경 쓰지 않았다. 채워 넣기에 바빠서 배운 바를 풀어 놓는 것을 생각하지 못했다. 나는 그 공간이 가정과 교회 그리고 그 중심으로 움직이는 공간들이어야 한다고 말하고 싶다. 그중에서도 중심은 가정이다. 가정이야말로 배운 바를 실천할 공간으로서 최적의 장소다. 가정에서 행한 것은 분명 가정 밖에서도 행할 수 있다. 가정은 배운 바를 안전하게 행할 수 있는 장소여야 하며, 때로는 행하다가 실패해도 수치심을 느끼는 것이 아니라 안전하게 수용되는 공간이어야 한다. 당신의 가정이 이런 공간이 되길 소망한다.

3
교육 생태계를 조성하라

One
Point

종종 선물을 받는데 그중 기억에 남은 선물이 물고기다. 한 지인이 키우던 물고기가 새끼를 낳았다며 분양해 주셨다. 사실 어릴 적부터 물고기를 키워 보고 싶은 마음이 있었다. 어릴 적 나에게 있어 어항에 물고기를 키운다는 것은 부의 상징과도 같았다. 무엇이든 키웠다 하면 죽이고 마는 나의 실력을 잘 알기에 내심 걱정이었다. 하지만 과감하게 설레는 마음으로 물고기를 받아 왔다. 아직 어항이 없는 관계로 작은 투명 통 안에 넣어 두었다. 주말에 마트에 가서 물고기들이 좋아할 만한 예쁜 집을 사 줄 예정이었다. 하지만 이틀이 지나자 한 마리가 배를 뒤집고 둥둥 떠 있었다. 마음이 아팠지만 그래도 한 마리였다. 시간이 없어 나중에 치우자 하는 마음에 미루고 다음 날 아침에 보니 이게 웬일인가? 다 죽어 있었다. 그때 깨달았다. 한 마리의 죽음은 한 마리로 끝나는 것이 아니었다. 어항 속에서 물고기 한 마리가 죽었을 때 곧바로 좋은 환경을 만들어 주지 않으면

곧이어 어항 전체의 물고기가 죽는다.

연일 황사로 난리다. 매일같이 휴대폰을 열어 공기 중에 있는 황사 농도를 측정한다. 생각해 보면 황사라는 단어를 처음 들은 것도 얼마 되지 않았다. 생태계가 변하고 있는 것이다. 황사를 계속 마시면 그 공기를 마신 사람들은 기관지가 안 좋아질 수밖에 없다. 황사를 없애려면 내 집 앞에 물을 뿌려서 될 일이 아니라 몽골 사막에 나무를 심어야 한다. 습기가 충분하고 햇빛이 잘 드는 땅에서 연하고 예쁜 식물들이 자란다. 거친 땅에서는 거친 식물이 자란다. 사막에서는 그 환경에 살아남을 만한 잎이 거의 없는 선인장만 자란다. 그렇게 보면 모든 생명체는 그 환경과 생태계에 어울리는 생명을 낳는다.

교육도 마찬가지다. 교육이란 다음세대라는 생명을 다루는 일이다. 그 어떤 생태계보다 사람을 키우는 생태계가 중요하다. 가르치는 교육 내용도 중요하지만, 배운 교육 내용을 잘 실현하게 해 주는 교육 생태계가 건강해야 한다. 청주교육대학교 이혁규 교수는 이 사회를 소비 사회, 위험 사회, 팔꿈치 사회, 네트워크 사회라는 네 가지의 키워드로 설명했다. 한마디로 교육 생태계가 위험하다는 것이다. 이런 사회적 생태계 속에서 공교육에 대한 우려 섞인 목소리가 점점 높아지고 있다. '학교 붕괴 현상'이란 단어가 이제는 익숙해졌다. 학교 붕괴 현상이란 "학급에서 수업이 이루어지지 않고 학생에 대한 교사의 생활 지도가 전혀 작동하지 않는 상황과 이러한 결과에서 나타나는 학교 교육의 본질적인 기능이 약화되는 현상"이다. 그 현상적인 모습을 다음과 같이 정리했다.

수업 장면	생활 지도 장면
학생들이 엎드려 잔다	교사가 불러도 오지 않는다
수업을 무표정하게 바라본다	도무지 학교 규칙을 지키지 않는다
잡담을 하거나 딴짓을 한다	교사에게 폭언을 하거나 폭력을 행사한다
교사의 질문에 대답하지 않는다	112 신고 등 경찰을 부른다
수업 중 돌아다니거나 허락 없이 빠져나 간다	교사를 대화 상대자로 생각하지 않는다

그런데 이 모습들은 어디선가 많이 보던 모습이다. 우리 주일학교의 모습과 닮아 있지 않은가? 이 땅의 교육 생태계가 아이들이 배운 대로 살아가기에는 적합하지가 않다. 게다가 믿음을 가지고 살아가는 우리의 다음세대는 이 위에 기독교적 가치를 하나 더 얹고 살아간다. 그러니 아이들이 성경적 세계관과 가치관을 가지고 살아가기에 이 땅은 너무 척박하다. 하지만 포기할 수 없다. 교육 생태계 전체를 다 바꿀 수는 없지만 할 수 있는 부분이 없는 것은 아니다. 할 수 있는 부분을 해 나가면 된다.

"너는 또 그것을 네 손목에 매어 기호를 삼으며 네 미간에 붙여 표로 삼고 또 네 집 문설주와 바깥문에 기록할지니라"(신 6:8-9).

신명기는 쉐마의 말씀을 손목과 이마에 붙이라고 한다. 이는 테필린(Tefillin)으로서 지금도 유대인들은 자신의 교육을 테필린 교육이라고 부를 만큼 이를 생활화하고 있다. 누구에게 보이기 위해서인가? 모든 사람이 볼 것이지만 특별히 자녀들이 말씀을 볼 수 있도록 부모의 손목과 이마, 집의 문설주에 말씀을 붙여 놓으라는 것이다. 일종의 시청각 교육이다. 또한 집 문설주와 바깥문에 기록하라고 한다. 이를 메주자(Mezuzah)라고 하는데, 성구를 써서 문설주에 붙이는 통 또는 나무 상자를 의미한다. 바깥문이란 마을의 문과 같은 것이다. 즉 바깥문에 기록하라는 이유는 그 말씀을 사회생활의 중심과 원칙으로 삼으라는 것이다. 기독교 교육을 위한 생태계를 조성하라는 것이다.

먼저는 교회와 가정의 교육 생태계를 조성하는 것이 급선무다. 아이들이 교회에서 배운 대로 가정에서 살아갈 수 있는 생태계를 조성해야 한다. 아이들이 교회에서 말씀을 배우는 시간도 절대적으로 적은데 그 말씀을 가지고 생활할 터전이 거칠다면 배운 것에 대한 열매를 기대할 수 없을 것이다.

성경은 집의 문설주와 바깥문에 말씀을 기록하라고 했다. 즉 나의 집이든 내가 살아가는 마을이든 같은 말씀, 같은 규칙, 같은 생활의 모양을 지니고 살아가라는 것이다. 이를 현대적으로 적용하면 가정과 교회의 연결일 것이다. 온 가정과 교회가 같은 말씀과 같은 삶의 원리를 가진 교육 공동체를 형성하는 것이다. 그래서 교회와 가정을 오가는 길에 아름다운 신앙의 열매를 맺게 하는 것이다. 생각만 해도 그 길은 꽃길이다.

교회와 가정의 연합에는 다음과 같은 형태가 있을 것이다. 첫째는, 교회와 가정이 서로 어떤 것도 공유하지 않는 것이다. 도리어 경쟁하는 듯한 모습을 보이기도 한다. 교회는 가정의 인력을 이용해 무엇인가를 하려고 하고, 가정은 교회와 일정한 거리를 두어 언제라도 쉽게 교회를 떠날 수 있도록 한다. 거리만큼이나 서로 어떤 영향력을 주고받지도 않는다. 교회는 한 가정의 아픔을 전혀 모르고, 가정은 교회의 비전에 동참하지 않는다.

교회와 가정의 연합 형태 1

둘째는, 가정과 교회가 어느 정도 서로 공유하는 것이다. 가정은 교회 안에서 진행되는 최소한의 모임에 참석한다. 교회 역시 가정에 대해서 무엇인가를 제공한다. 하지만 서로의 관계는 피상적이다. 서로 더 깊게 들어가려고 하지 않는다. 교회가 그렇고, 가정 역시 마찬가지다. 중대한 결정을 서로 다른 기준으로 내린다. 교회는 교회를 지키기 위해서, 가정은 가정을 지키기 위해서 결정을 내린다.

교회와 가정의 연합 형태 2

셋째는, 교회가 가정을 품고 있고 가정은 교회의 품 안에 있는 모습이다. 나는 이런 생태계를 꿈꾼다. 가정의 모든 것은 교회의 모든 것이다. 교회의 중심에는 가정이 있다. 서로가 서로를 위해서 존재한다. 서로는 서로를 신뢰하며 서로의 삶에 깊숙이 개입한다. 교회를 중심으로 마을을 이룬다. 그 마을 안에서 서로는 서로를 향한 책임감을 지니고 서로의 자녀를 나의 자녀로 품어 주는 생태계를 이룬다.

교회와 가정의 연합 형태 3

이 모델은 예수님의 씨 뿌리는 비유 혹은 네 가지 밭의 비유에서도 찾아볼 수 있다. 씨앗은 말씀, 즉 배움이다. 배움의 씨앗이 학습자에게 떨어졌다. 씨앗은 동일하다. 하지만 밭은 제각각이다.

첫째는, 길가다. 길가는 씨앗이 전혀 반응하지 못하는 밭이다. 씨앗이 자랄 만한 생태계가 조성되지 않은 것이다. 배운 바 말씀이 학습자의 영혼과 삶에 내면화되어야 하는데 그럴 만한 토양이 없는 것이다. 이것은 가정과 교회가 분리된 모습이다.

둘째는, 돌밭이다. 돌밭은 돌과 토양이 뒤섞여 있는 모습이다. 정돈되지 않았다. 질서가 잡히지 않았다. 그래서 해가 돋으면, 어려움이 다가오면 씨앗을 감당하지 못한다. 이런 토양은 '교회와 가정의 연합 형태 2'의 모양과 같다. 어느 정도 겹치는 부분이 있지만 동떨어진 부분이 더욱 많은 것이다. 특히 이런 토양은 부모 중에 한 명만이 교회를 다니는 경우가 많다. 그래서 가정 안에서 결정을 내릴 때 의견의 충돌이 잦다. 어느 정도 이상을 넘어가지 못하는 모습이다.

셋째는, 가시밭이다. 가시밭은 씨앗이 완벽하게 자랄 만한 생태계를 갖추고 있다. '교회와 가정의 연합 형태 2'의 그림과 같지만 더욱 많은 부분에서 가정과 교회가 함께하는 모양이다. 하지만 결정적으로 열매를 맺지는 못한다. 잎은 무성한데 열매가 없다. 세상의 염려와 재물의 유혹 때문이다. 결정적인 순간에 세상이 커 보이는 것이다.

넷째는, 좋은 땅이다. 이런 토양은 '교회와 가정의 연합 형태 3'의 모양과 같다. 열매를 맺는 땅이다. 씨앗이 자랄 만한 생태계를 지닌 땅이다. 교회와 가정이 하나 된 땅이다. 서로는 서로를 위해 존재하며 같은 열매를 기대한다. 교회의 열매가 가정의 열매고 가정의 열매가 교회의 열매가 된다. 하나님이 꿈꾸시는 교육 공동체 그리고 우리가 꿈꾸는 교육 생태계다.

교육 생태계를 조성하는 일은 단기간에 이루어지는 것이 아니다.

오랜 시간이 필요하다. 그리고 그 출발은 언제나 씨를 뿌리는 것으로 시작된다. 지금 당장 열매를 보지 못하더라도 씨를 뿌려 보자. 시간은 걸리겠지만 씨가 살아 있다면 반드시 싹이 보일 것이다. 열매가 맺힐 것이다.

Table Talk

1. 나의 가정은 '기독교 가정'으로서 어떤 특징을 지니는가?

2. 아버지로서 자녀들이 나를 선택할 것 같은가, TV를 선택할 것 같은가?

3. 최근에 자녀와 나눈 대화의 주제와 내용은 무엇이었는가?

4. 자녀가 고민하고 있는 문제가 무엇인지 아는가?

5. 교육의 중심을 교실에서 가정으로, 교사에서 부모로, 지식에서 관계로 옮긴다고 했을 때 걱정되는 부분은 무엇인가?

6. 아이들이 가정에서 부모와 함께 보낼 수 있는 시간이 1년에 3,000시간 정도다. 그 시간에 자녀와 무엇을 하기를 원하는가?

7. 우리 가정의 교육 생태계를 살펴보자. 네 땅의 비유로 보건대 우리의 가정은 길가, 돌밭, 가시밭, 좋은 땅 중 어떤 땅에 더 가까운가?

5부
언제 교육할 것인가?

1
시간을 창조하다

One
Point

많이 도와주지는 못하지만, 딸아이들의 숙제를 도와주는 일이 내게
는 큰 기쁨이다. 솔직히 말해서 도와주는 것이 아니라 함께 공부하
는 시간이다. 내가 학교를 다닐 때와 많은 것이 달라졌다. 나 역시 집
중해서 보고, 때로 검색 사이트의 도움을 받지 않는다면 풀지 못할
것들이 많다. 책을 집필하는 기간에 둘째 딸아이의 방학 숙제를 함
께했다. 여름 방학 계획표를 짜는 것이었다. 동그라미 모양의 시계
안에 방학 중 하루의 일과를 적는 것이다. 시간이 흘러도 변하지 않
는 것이 있었다니 반가웠다. 딸아이의 의견을 물어보며 시계 모양
안에 사선을 긋고 계획을 세웠다. 꼼꼼하게 잘 세웠다. 세워 놓고 보
니 방학이 방학이 아니다. 학교 다닐 때와 별반 다르지 않다. 방학인
데도 다른 것을 할 수 없을 정도로 일정이 빡빡했다. 그런데 뭔가 허
전했다. 빠진 것이 있었다. 지우개를 들었다. 그리고 다른 모든 시간
을 조금씩 줄였다. 한 시간의 여유 시간을 만들고 그 안에 가정 예배

라고 기록했다. 없었던 시간을 창조했다.

시간만큼 공평한 것은 없다. 아무리 금수저라 할지라도 25시간을 가질 수는 없다. 모든 사람은 절대적으로 동일한 시간을 무엇인가로 채우며 살아간다. 그 시간을 채우는 것은 개인의 선택이다. 그리고 단언하건대, 우리가 보내는 가장 소중한 시간 중에 하나는 가족과 함께하는 시간이다. 그런데 이상하게도 가장 많이 피해를 보는 시간이 가족과 함께하는 시간이다. 급할 때, 시간이 없을 때, 그래서 어느 시간인가를 줄여서 시간을 만들어야 할 때 가장 먼저 사라지는 시간이 가족과 함께하는 시간이다. 아니다. 보호받아야 한다. 시간을 확보해야 한다. 특별히 부모와 자녀가 함께하는 시간을 사수해야 한다.

텐게 시로의 『살아갈 힘』(오리진하우스)이라는 책에는 통계청이 발표한 '2014년 생활시간 조사'에 대한 내용이 나온다. 초등학생의 필수 생활시간은 12시간 5분, 의무 생활시간은 7시간 1분으로 나타났다. 중학생은 필수 생활시간 11시간 13분, 의무 생활시간 8시간 46분이었다. 고등학생의 필수 생활시간은 10시간 22분인 반면 의무 생활시간은 10시간 16분에 달했다. 필수 생활시간은 수면과 식사 등 생존에 필수적인 시간이고, 의무 생활시간은 일, 학습, 이동 등 자신에게 지워진 의무적 역할을 수행하는 시간을 말한다. 자녀들의 의무 시간이란 것은 결국 학교와 학원에서 교육을 받는 시간이다. 이 조사를 기준으로 보면 초등학생의 경우 4시간 54분, 중학생의 경우 4시간 1분, 고등학생의 경우 3시간 22분의 여유 시간이 남는다. 남는 대부분의 시간에 무엇을 하는가? 각종 SNS가 발달한 우리나라의 경우 하루 평균 SNS 이용 시간이 남성은 59.8분, 여성은 65.1분이라고 한다. 그중에 10대 남성은 78.8분, 10대 여성은 69.5분이다. 스마트폰 사용 시간은 얼마나 될까? 한 조사에 따르면 10대의 스마트폰 사용 시간이 평균 3시간 13분으로 나타났다. 즉 대부분의 남는 시간을 인터넷 공간에서 누구와 연결되든, 어떤 정보와 연결된 시간으로 보낸다는 것이다.

그렇다면 가족과 함께하는 시간은 얼마나 될까? 국내 취업포털 사이트인 잡코리아에서 2014년 남성 직장인을 대상으로 일주일에 가족과 몇 번이나 저녁 식사를 하는지를 조사했다. 1-2번으로 답한 사람이 42.9퍼센트로 가장 많았고, 한 번도 하기 힘들다가 23.1퍼센트였다. 부부간의 평균 대화 시간은 얼마나 될까? 우리나라의 경우 평균 30분 정도다. 10년 이상 신혼부부와 중년 부부를 대상으로 교육을 진행한 경험으로 보아도 과장된 시간이 아님을 확신할 수 있다.

지금까지 우리는 기독교 교육에 대한 이야기를 나누었다. 그리고 교육의 가장 중요한 강단으로서 가정에 대한 중요성을 다루었다. 교육은 반드시 시간이 필요하다. 그렇다면 이런 상황 가운데 언제 가르칠 것인가? 한 가지 분명한 사실은 남은 시간이 없다는 것이다. 요즘은 백수도 과로사한다고 한다. 백수들도 바쁘다는 것이다. 그것이 바로 시간의 본질이다. 시간은 절대 진공 상태로 있지 않는다. 사람들은 무엇인가로 분주하게 살아간다. 지금 결단해야 한다. 지우개를 들어야 한다. 꼼꼼하게 세워 놓은 시간표 위를 지워 가야 한다. 빈 공간을 만들어 가족과 함께하는 시간을 만들어야 한다.

"세월을 아끼라 때가 악하니라"(엡 5:16).
"Making the most of every opportunity, because the days are evil"(NIV).

가족은 서로 더 많이 알아야 한다. 우리는 매일 한 시간 정도씩 각종 SNS를 통해서 일면식도 없는 사람과 친구가 되어 그들의 일상을 보면서 시간을 보내고 있다. 서로 '좋아요'를 눌러 주며 유대감을 쌓고 있다. 나와 별로 상관도 없는 일들을 살펴보느라 하루에 3시간 정도를 인터넷에서 떠돈다. 그런데 정작 깊이 알아야 하고 돌봐야 할 나의 가족에 대해서는 잘 모른다. 자녀들의 아픔을 부모들은 얼마나 알고 있을까? 부모들의 고통에 자녀들은 얼마나 공감하고 있을까? 교육은 결국 여기서부터 시작된다. 시간을 내어 서로 이해하는 것으로부터 교육은 시작된다.

어디서부터 시작해야 할까? 우선은 하나님이 정하신 시간에서부터 시작하자.

"네 자녀에게 부지런히 가르치며 집에 앉았을 때에든지 길을 갈 때에든지 누워 있을 때에든지 일어날 때에든지 이 말씀을 강론할 것이며"(신 6:7).

자녀를 교육하기 위해서 하나님이 정해 두신 네 가지 때가 있다. 가정의 계획표를 세울 때 이 네 가지 때를 빼서는 절대로 안 된다. 혹시 빠져 있는가? 지우개를 다시 들어라. 그리고 그 시간을 만들어 내라. 하나님이 가정을 위해 정해 두신 때다.

>>> 네 가지 때
집에 앉았을 때

길을 갈 때

누워 있을 때

일어날 때

이는 일상적인 시간들이다. 이 시간을 보내지 않는 사람은 한 사람도 없다. 하루 종일 집에만 있는 사람을 제외하고는 거의 모든 사람 들이 매일같이 반복하는 네 가지의 때다. 하나님은 이 시간을 교육의 시간으로 설정해 두셨다. 즉 일상이 교육의 시간이란 뜻이다. 하나님은 일상 속에서 교육하길 원하신다. 박웅현 작가의 『여덟 단어』(북하우스)란 책이 있다. 그는 책에서 '일상을 여행처럼, 여행을 일상처럼'이란 표현을 썼다. 나는 이 표현이 참으로 마음에 든다. 일상을 여행처럼 산다는 건 정말 생각만으로도 멋진 일이다. 사실 내가 거하는 이곳도 누군가에게는 관광지다. 그러니 나의 일상을 범상치 않게 여긴다면 이곳 역시 좋은 여행지가 될 수 있다.

교육은 그런 것이다. 일상을 범상치 않게 만드는 것이다. 집에 앉

앉을 때, 길을 갈 때, 누워 있을 때, 일어날 때는 매일같이 반복되는 일상이라 잘 기억되지도 않는 시간들이다. 하지만 이때 가족과의 대화를 통해서 가정은 여행 같은 삶을 살아갈 수 있다는 것이다. 이때의 교육을 다음과 같이 익숙한 단어로 정리해 보았다.

때	교육	부모의 역할	대화법
일어날 때, 누웠을 때	침상머리 교육	제사장	I 메시지, You 메시지
집에 앉았을 때	밥상머리 교육	왕	적극적 공감
길을 갈 때	길머리 교육	선지자	비폭력 대화

네 가지 때이지만 잠을 자고 일어나는 것은 한 장소에서 이뤄지므로 하나로 정리해서 '침상머리 교육'으로 정했다. 가족이 집에 앉았을 때를 생각해 보니 식사 시간밖에 없어서 식사 시간으로 정리하고 밥상머리 교육'으로 명했다. 물론 TV를 다 같이 보기도 하지만 요즘엔 다 같이 모여 TV를 보는 가정은 별로 없을 것이다. 길을 갈 때는 부모와 함께 이동할 때다. 어쩌면 부모와 가장 많이 여유롭게 대화할 수 있는 시간이다. 이 시간을 '길머리(길목) 교육'으로 정리했다. 머리는 생각을 관장하는 기관이다. 사람의 신체 중에 중요하지 않은 것이 없지만 그중에서도 머리는 정말 중요하다. 또한 머리는 단체 혹은 사물의 앞부분을 비유할 때 사용되기도 한다. 이미 침상머리 교육과 밥상머리 교육은 오랜 전통을 지니고 있고 그 효과가 과학적으로 입증되기도 했다.

그러고 보니 이런 교육을 우리나라는 이미 해 오고 있었다. 전혀 새로울 것이 없는 교육이다. 시간을 따로 내야 하는 것도 아니다. 일상의 삶을 함께하면서 일상을 통해 가르치는 것이다. 예수님 역시 제자들을 이렇게 교육하셨다. 3년간 일상을 함께하셨다. 예수님은 제자 훈련을 할 때 지금처럼 1단계, 2단계 과정을 만들어 숙제를 내주면서 하지 않으셨다. 단지 일상을 함께해 주셨다. 그리고 예수님과 함께하는 일상은 제자들에게 범상치 않은 날들의 연속이었다. 제자들이 예수님과 함께하면서 가장 많이 한 말이 있다면 그것은 아마도 "와!"일 것이다. 예수님의 일상이, 언어가, 행동이 제자들의 전인격을 자극했던 것이다.

시간은 흘러가는 것이 아니라 쌓이는 것이다. 무의미하게 보내면 내 인생에 무의미가 쌓인다. 의미 있는 시간들을 보내면 내 인생에 의미가 생긴다. 시간만큼 정직한 것은 없다. 지금의 나의 모습은 내가 과거에 보낸 시간이 쌓여 만들어진 것이다. 지금 나의 가정의 모습은 내가 가정에서 보낸 시간이 쌓인 것이다. 다행인 것은, 이 책을 보고 있다면 적어도 아직은 시간이 남아 있다는 것이다. 밥상머리에서, 침상머리에서, 길머리에서 기회가 닿는 대로 자녀와 말씀을 나누자. 그 시간들은 의미 없이 흘러가는 시간이 아니라 차곡차곡 쌓여 우리 가정의 믿음의 퇴적층을 이룰 것이다.

2
침상머리 교육

**One
Point**

"실로 내가 내 영혼으로 고요하고 평온하게 하기를 젖 뗀 아이가
그의 어머니 품에 있음 같게 하였나니 내 영혼이 젖 뗀 아이와 같
도다"(시 131:2).

부모가 자녀를 교육할 때 놓치지 말아야 할 시간이 침상에서의 시
간이다. 침상에서의 교육은 오직 가정에서 부모만이 할 수 있는 교
육이다. 다른 장소에서 다른 사람은 할 수 없는 대체 불가능한 시간
이다. 대체 불가능하기에 더욱 중요하게 여겨야 할 시간이다. 신명
기 6장 7절에서는 자녀를 교육해야 할 네 가지의 때를 언급하는데
그중에 두 가지가 침상과 관련되어 있다.

"네 자녀에게 부지런히 가르치며 집에 앉았을 때에든지 길을 갈
때에든지 누워 있을 때에든지 일어날 때에든지 이 말씀을 강론할

것이며"(신 6:7).

침상은 육체적 건강을 위해서 중요한 장소다. 건강한 수면을 통해서 집중력 향상, 면역력 강화, 비만 예방, 고혈압 예방, 피로회복 등의 효과를 볼 수 있다고 한다. 한마디로 잠이 보약이다. 잠은 육체뿐만 아니라 마음에도 보약이다. 상담 임상 훈련을 받을 때 슈퍼바이저께서는 늘 강조하셨다. "내담자가 잘 먹고 잘 자는지 확인하라." 그렇다. 건강한 사람은 잘 먹고 잘 잔다. 반면 건강하지 못한 사람은 잘 먹지도 잘 자지도 못한다. 잘 먹고 잘 자는 것은 인간의 가장 기본적인 욕구다. 잠은 육체와 마음뿐만 아니라 영혼의 보약이기도 하다. 그래서 많은 믿음의 선배들이 위기의 순간에 침상을 통해서 회복을 경험했다.

"야곱이 아침에 일찍이 일어나 베개로 삼았던 돌을 가져다가 기둥으로 세우고 그 위에 기름을 붓고 그곳 이름을 벧엘이라 하였더라"(창 28:18-19).

야곱은 형에게서 벗어나 달음박질하고 있다. 하지만 해가 졌다. 광야에서 해가 지면 할 수 있는 것은 자는 일밖에 없다. 거친 광야를 침상 삼아, 돌을 베개 삼아 잠든 야곱은 그곳에서 하나님을 경험한다. 야곱은 비록 광야 침상이었으나 그곳에서의 경험이 평생을 지탱해 주는 경험이 되었다.

"로뎀 나무 아래에 누워 자더니 천사가 그를 어루만지며 그에게
이르되 일어나서 먹으라 하는지라 본즉 머리맡에 숯불에 구운 떡
과 한 병 물이 있더라 이에 먹고 마시고 다시 누웠더니 여호와의
천사가 또다시 와서 어루만지며 이르되 일어나 먹으라 네가 갈 길
을 다 가지 못할까 하노라 하는지라 이에 일어나 먹고 마시고 그
음식물의 힘을 의지하여 사십 주 사십 야를 가서 하나님의 산 호렙
에 이르니라"(왕상 19:5-8).

엘리야는 계속되는 사역으로 탈진해 로뎀 나무 침상에서 잠이 들
었다. 내면이 무너진 엘리야를 다시 일으켜 세운 것은 부흥회가 아
니었다. 철야 기도도 아니었다. 단지 잘 먹고 잘 잔 것이었다. 로뎀
나무 침상에서 여호와의 천사가 어루만졌던 경험은 마치 어머니의
손길처럼 느껴졌을 것이다. 엘리야는 로뎀 나무 침상에서 회복한 그
힘으로 주어진 일을 완수하게 된다.
모세는 또 어떠한가?

"믿음으로 모세는 장성하여 바로의 공주의 아들이라 칭함 받기를
거절하고 도리어 하나님의 백성과 함께 고난 받기를 잠시 죄악의
낙을 누리는 것보다 더 좋아하고 그리스도를 위하여 받는 수모를
애굽의 모든 보화보다 더 큰 재물로 여겼으니 이는 상 주심을 바라
봄이라"(히 11:24-26).

모세는 바로의 공주의 아들로서 누릴 수 있는 특권을 거절하고 하나님의 백성들과 함께 고난받는 것을 선택했다. 그리스도를 위해서 받는 수모를 애굽의 보화보다 더 큰 재물로 여겼다. 이것이 어떻게 가능했을까? 어머니 품 안에서의 교육의 힘이다.

모세의 첫 번째 침상은 갈대 상자다. 두 번째 침상은 어머니의 품이다. 요게벳은 젖을 떼기까지만 모세를 양육할 수 있었다. 어머니 요게벳은 어떻게 모세를 양육했을까? 갓난아이의 경우 하루에 16시간에서 20시간을 잔다. 요게벳은 자신의 품을 침상으로 삼아 모세에게 계속해서 말씀으로 교육했을 것이다. 그 어릴 적 교육이 모세에게 큰 영향을 미쳤던 것이다.

나 역시 첫째 딸을 가졌을 때 너무나 감사했다. 창세기 12장에서 하나님이 아브라함을 부르실 때 "복의 근원"(개역한글)이 되게 해 주시겠다고 했는데, 이 단어가 너무 좋아서 태명을 '복근'이라고 지었다. 그리고 아내의 배 속에 자고 있을 복근이와 대화하고 기도했다. 침상머리 교육인 것이다. 2006년 8월 23일 낮 12시에 복근이는 태어났고 나 역시 아빠가 되었다. 복근이는 태어나자마자 자신의 존재감을 알리기 위해 온몸을 부들부들 떨면서 울어 댔다. 우는 소리마저 듣기 좋았다. 나는 얼굴을 보며 아이의 이름을 불러 주었다. "복근아~" 그런데 신기하게도 울음을 뚝 그치는 것이다. 그리고 내 목소리를 더 자세히 듣기 위해서 귀를 쫑긋 세우고 내 소리를 찾기 위해서 더듬거리는 것 같았다. 너무나 신기했다. 태중이지만 그 속에서 나의 목소리를 듣고 있었던 것이다. 태교의 중요성을 다시 한번 확인하는 시간이었다. 첫 번째 침상인 태중에서부터 교육은 시작되어야 한다. 인간의 의식에 영향을 미치기 위해서 반드시 붙잡아야 할 시간이 있다. 잠이 들어서 의식에서 무의식으로 들어가는 시간과 잠에서 깨어서 무의식에서 의식으로 나오는 시간이다. 이 두 시간의 지점에서 어떤 생각, 어떤 마음을 품느냐가 인간의 삶에 절대적인 영향을 미친다. 인간의 뇌는 쉬지 않는다. 잠이 드는 시간에도 뇌는 잠들지 않는다. 그러므로 침상에서의 생각은 인생에 결정적인 영향을 미친다.

부모의 역할: 제사장

침상에서 부모는 제사장적인 역할을 한다. 제사장은 하나님과 사람을 연결하는 특별히 구별된 사람이다. 제사장은 죄를 지은 인간과 거룩한 하나님 사이에 화평을 얻게 하는 사역을 감당한다. 구약 시대에는 레위 지파만이 제사장이 될 수 있었으나 신약 시대에는 대제사장 되신 예수님이 단번에 영원한 대속 제물이 되셔서(히 10:14) 예수님을 믿어 구원을 얻은 모든 사람이 왕 같은 제사장이 되었다. 특별히 한 가정의 부모로서 많은 역할이 있겠지만 부모는 반드시 영적인 제사장의 역할을 감당해야 한다. 하나님과 자녀 사이에 서서 화평을 구하고 조정하는 역할을 해야 한다. 그 최적의 장소가 바로 침상머리다. 하루를 마무리하면서, 또한 하루를 시작하면서 자녀가 하나님과의 화평을 누릴 수 있도록 도움을 주어야 한다.

침상머리 대화법: I 메시지-You 메시지

침상머리 대화를 보다 풍성하게 하기 위해 I 메시지와 You 메시지 대화법을 추천한다. 말 한마디로 천 냥 빚을 갚는 대화가 있고 말 한마디로 천 냥 빚을 지는 대화가 있다. I 메시지, You 메시지 대화법은 간단하지만 이를 통해서 관계의 질을 풍성하게 할 수 있다. 간략하게 말해서 I 메시지는 상대방에게 나의 감정을 표현할 때 쓰고, You 메시지는 상대방에게 무엇인가를 요구할 때 사용하면 된다. 예를 들어, 침상에서 자녀의 이야기를 듣다 보니 걱정되는 부분이 생겼다. 이럴 때 부모들은 자신의 불안한 감정 때문에 자녀의 감정이 상하게 말한다.

"그게 지금 말이 되는 소리야!"

"그게 지금 학생 신분으로 할 소리야!"

가만히 들어 보면 다 맞는 말이다. 그런데 대부분의 부모는 좋은 말을 기분 나쁘게 하는 특별한 은사를 가지고 있다. 좋은 말은 좋게 해야 효과가 있다. 말의 내용보다 말투가 중요하다. I 메시지로 이렇게 말해 보자.

"네가 그런 말과 행동을 하니 아빠(엄마) 마음이 굉장히 아프구나."

"네가 그렇게 반응하니 아빠(엄마)는 굉장히 불안하구나."

그리고 You 메시지로 원하는 바를 말해 보자.

"아빠(엄마)는 네가 이렇게 해 주면 좋을 것 같다. 하나님도 기뻐하시지 않을까?"

대화에서 중요한 것은 일방적이어서는 안 된다는 것이다. 서로 협상이 가능해야 한다. 부모는 자녀에게 대화가 불통인 꽉 막힌 존재로 비쳐서는 안 된다. 대화를 통해서 조율이 가능해야 한다. 하지만 언제나 하나님의 관점을 유지해야 한다. 하나님의 기준을 무시해서는 안 된다. 부모는 침상머리에서 영적 제사장으로서 하나님이 자녀에게 원하시는 것이 무엇일까를 고민하고 하나님의 마음을 전달해야 한다.

침상은 최고의 교육 강단이다. 침상머리 교육은 다음과 같은 과정을 권면한다.

>>> 침상머리 교육 순서

1. 성경 본문을 부모와 함께 한 절씩 교독으로 읽는다.
2. 부모가 성경의 내용을 한 번 더 아이의 언어로 설명해 준다.
3. 성경 말씀에 대한 자녀의 느낌과 생각을 물어본다.
4. 자녀의 표현에 대해 공감해 주고, 본문에 대한 부모의 느낌과 생각을 말해 준다.
5. 하루 동안 있었던 일들 중에 기억에 남는 일들을 나눈다.
6. 하루 동안 있었던 일들을 하나님의 관점에서 나눈다.
7. 감사 노트를 기록한다.
8. 부모가 아이를 위해 축복 기도해 준다.

복잡한가? 편한 대로 자연스럽게 해도 된다. 침상머리 교육은 형식적인 교육이 아니라 비형식적인 교육이다. 지식 중심의 교육이 아니라 감성 중심의 교육이다. 침상이 '임금님 귀는 당나귀 귀'라고 마음 놓고 외쳤던 대나무 숲과 같은 공간이 되었으면 좋겠다. 요즘 마음 놓고 나의 마음을 꺼내 놓았던 적이 있었는가? 나의 마음을 메이크업하지 않고 민낯으로 보일 장소가 있는가? 침상머리가 그 장소가 될 것이다.

3
밥상머리 교육

One
Point

나의 어머니는 가정밖에 모르시는 전형적인 한국형 어머니시다. 생각해 보면 나는 어머니에게 "경훈아, 사랑한다"라는 말을 한 번도 들어 본 기억이 없다. '갓난아이일때는 하셨겠지… 단지 내가 기억하지 못하는 거겠지' 싶다. 하지만 적어도 내 기억 속에서 나는 어머니를 통해서 사랑한다는 말 한마디를 들어 본 경험이 없다. 그러고 보니 나 역시 어머니에게 "어머니, 사랑합니다"란 말을 해 본 적이 없는 것 같다. 그럼 우린 서로 사랑하지 않은 것일까? 아니다. 나는 분명 어머니를 사랑하고, 어머니 역시 나를 사랑하신다. 단지 우리는 그 표현을 말이 아닌 식탁(밥상)을 통해서 했던 것 같다.

어머니는 항상 헌신적으로 식탁을 준비해 주셨다. 반찬은 항상 다섯 가지 이상이었다. 국은 거의 매일같이 바뀌었다. 맛은? 나는 어릴 적에 '왜 어머니가 집에만 계실까?' 싶었다. 이 좋은 음식 솜씨를 두고서 말이다. 덕분에 나는 우량아로 자랐다. 결혼을 했고 어머니의 품을 떠났다. 그리고 깨달았다. 어머니의 식탁은 쉬운 것이 아니었다. 나는 결혼 이후 거의 몇 년 동안 어머니의 식탁을 그리워했다. 결혼 이후에 살이 10킬로그램 정도 빠졌는데, 이렇게 된 데는 아내의 공로도 어느 정도 있다고 생각한다. 결혼을 한 지 이미 12년이나 지났는데도 이상하다. 아직도 어머니의 식탁에서는 식욕이 왕성해지고 소화도 잘된다. 나만 그런 것이 아니다. 두 딸들이 유치원에 들어가기 전까지 어머니가 아이들을 돌봐 주셨다. 아이들 역시 적어도 4년간은 어머니의 식탁에서 자란 것이다. 그리고 아이들 역시 할머니 집만 가면 식탁에서 좀처럼 떠나질 않는다. 어머니의 손맛, 입맛에 길들여진 것이다. 어머니는 식탁을 통해서 나름대로의 사랑을 표현해 주셨고, 나 역시 즐겁게 먹는 것으로 사랑을 표현했다.

그렇다. 식탁은 중요하다. 단순히 음식에 관한 것이 아니다. 어릴 적 길들여진 음식 맛이 평생을 지속하듯이, 어릴 적 식탁에서의 경험이 평생을 지속한다. 특별히 식탁에서 나눈 대화는 이상하게 맛이 느껴질 정도다. 말이 맛있다. 음식을 먹을 때 나눈 대화는 음식과 함께 영혼에 흡수된다. 그리고 한 사람이 자라는 데 자양분으로 사용된다. 그렇기에 식탁에서의 대화는 너무나 중요하다.

신명기 6장은 '집에 앉았을 때' 자녀를 교육하라고 했다. 부모와 자녀가 집에 앉았을 때는 언제일까? 예전에는 TV를 구실 삼아 한자리에 앉았지만 이제는 각방에서 스마트폰으로 보고 싶은 것을 보는 세상이다. 함께 앉아 있을 시간이 없다. 유일하게 남은 시간은 함께 식사하는 시간일 것이다. 한 식구이나 함께 모여 앉아 있을 시간이 없는 것이 이 시대의 비극이 아닐까? 식구(食口)란 의미가 더욱 깊게 다가오는 요즘이다. 식구로서 함께 모일 때는 밥 먹을 때뿐이다. 그러므로 식구는 함께 밥을 먹기 위해 노력해야 한다. 이 시간을 귀하게 여겨야 한다. 이게 뭐 대단한 일인가 싶기도 하지만 요즘 같은 시대에는 식구가 함께 식사를 한다는 것이 큰 결심이 아니면 힘들다. 이미 우리나라 가족 형태 중에 1인 가구가 가장 높은 비율을 차지하면서 혼밥족이 늘어나고 있다. 혼밥족이 늘어난 것은 단지 1인 가구가 많아져서 그런 것이 아니다. 함께 살아도 혼밥을 하는 사람들이 점점 많아지고 있다. 지난 한 주간을 생각해 보자. 온 식구가 함께 모여 몇 번이나 식사를 같이했는가? 가족과 일주일에 얼마나 자주 식사를 하는가에 대한 조사를 취업포털 사이트인 잡코리아와 아르바이트 포털 사이트인 알바몬이 직장인과 대학생 성인 남녀 2,275명을 대상으로 조사한 결과 전체 응답자의 평균이 2.7회로 나타났다. 가족이지만 이제는 가장 보기 힘든 대상이 되었다.

식탁이 회복되어야 한다. 함께 모여 식사하기 위해서 노력해야 한다. 밥상머리는 너무나 중요한 교육의 강단이다. 이미 밥상머리 교육에 대한 사회과학적 효능에 대해서도 밝혀진 바 있다. 하버드 대학교 캐서린 스노우(Catherine Snow) 박사 팀의 연구에 의하면 만 3세 아이들은 독서를 통해 140개의 단어를 배우는 반면, 가족 식사를 통해서는 1,000개의 단어를 배운다고 한다. 컬럼비아 대학교 약물오남용예방센터(CASA)의 연구에 의하면 성적이 좋은 학생의 경우 성적이 낮은 학생보다 주당 가족 식사 횟수가 현저히 높았다. 또한 가족과 식사를 자주 하는 청소년들은 그렇지 않은 청소년들에 비해서 부모님과 형제자매와의 관계가 좋은 것으로 나타났다.

〈SBS 스페셜〉팀이 100여 개 중·고등학교의 전교 1등을 대상으로 설문조사를 한 결과 주 중 10회 이상 가족과 식사를 해 왔다는 대답이 40퍼센트에 육박하는 것으로 나타났다. 주 6회 이상 가족과 식사를 한다는 전교 1등생은 무려 73퍼센트에 이른다. 중간 성적의 39퍼센트보다 월등히 높은 수치다. 전교 1등 학생의 가정은 아침 시간을 이용한 밥상머리에서의 대화 비율이 높았다.

가족이 식사를 같이하는 것만으로도 가족 간의 유대감과 아이들의 두뇌 개발에 큰 도움이 된다. 하지만 밥상머리 교육이 중요한 것은 단지 이와 같은 사회과학적인 연구 결과 때문이 아니다. 보다 근본적인 이유는 그것이 하나님의 명령이며, 인간됨은 밥상이 회복될 때만 가능하기 때문이다. 하나님이 인간을 창조하신 이후에 유일하게 요구하신 규정은 먹는 문제였다.

"여호와 하나님이 그 사람에게 명하여 이르시되 동산 각종 나무의 열매는 네가 임의로 먹되 선악을 알게 하는 나무의 열매는 먹지 말라 네가 먹는 날에는 반드시 죽으리라 하시니라"(창 2:16-17).

두 번째 아담 되시는 예수님 역시 마귀의 첫 번째 시험이 먹는 문제였다.

"마귀가 이르되 네가 만일 하나님의 아들이어든 이 돌들에게 명하여 떡이 되게 하라"(눅 4:3).

그러므로 먹는 문제는 가장 영적인 문제다. "먹는 것이 곧 그 사람이다"라는 말이 있다. 그렇다. 먹는 것을 보면 그 사람에 대해서 알 수 있다. 그러므로 우리는 식탁에 모일 때마다 먹는 문제를 확인해야 한다.

예전에는 성도의 가정 식탁에 항상 동일한 액자가 하나 걸려 있었다. "그리스도는 이 집의 주인이시오, 식사 때마다 보이지 않는 손님이시오, 모든 대화에 말없이 듣는 이시라." 그렇다. 밥상머리 교육을 통해서 식사를 대할 때마다 이것을 확인해야 한다. 먹는 문제를 통해서 이 가정의 주인이 누구인지를 확인해야 한다. 먹는 문제는 결코 쉬운 문제가 아니다. 먹는 문제를 떠나서는 살아갈 수 없다. 그러므로 우리는 식탁에 모여 먹고 마실 때마다 왜 먹는지, 어떻게 먹는지, 무엇을 먹는지를 일상적인 대화 중에 나눠야 한다.

생각해 보면 나의 부모님은 밥상머리에서 세상을 살아가는 모든 것을 가르쳐 주셨다. 그때는 몰랐으나 지금 생각해 보면 그때가 최고의 교육의 때이자 식탁은 최고의 교육 장소였다. 로버트 풀검(Robert Fulghum)은 『내가 정말 알아야 할 모든 것은 유치원에서 배웠다』(랜덤하우스코리아)라는 책을 썼다. 그렇다. 유치원에서 배운 대로만 산다면 이 세상에 무슨 문제가 생기겠는가! 로버트 풀검의 책 제목을 빌리면 '나는 정말 알아야 할 모든 것을 식탁에서 배웠다'. 나는 식탁에서 이런 이야기를 늘 들어왔다.

"음식을 주신 하나님에게 감사한다."

"쌀을 먹을 때는 항상 농부의 수고를 잊지 말아야 한다."

"음식은 맛있게 먹되 편식하지 말고 남기지 말아야 한다."

"음식을 먹을 때는 먼저 만든 분께 감사하다는 표현을 해야 한다."

"어른이 수저를 들기 전에는 먹지 않는다."

"음식은 서로 배려하면서 먹어야 한다."

"같이 먹는 사람과 먹는 속도를 맞춰야 한다."

"내가 다 먹었어도 같이 먹는 사람이 아직 안 먹었다면 자리를 뜨지 않는다."

밥상은 세상의 축소판이다. 밥상을 통해서 하나님의 공급에 대한 감사, 세상에 대한 나눔, 다른 사람에 대한 배려를 배울 수 있다. 사실 우리나라는 예로부터 밥상머리 교육을 해 왔다. 세종대왕 역시 끼니마다 세자와 함께 식사를 하면서 사소한 생활 규범에서부터 정치에 이르기까지 교육했다고 한다.

부모의 역할: 왕

왕은 백성을 다스리는 존재다. 성경 속의 위대한 왕은 백성을 다스리되 자신의 임의대로 백성을 주관하는 것이 아니라 하나님의 법대로 백성을 다스렸다. 부모는 가정의 왕이다. 부모는 가정을 다스리되 하나님의 사랑과 공의로 가정을 다스리며 보호해야 한다. 그 상징적인 자리가 바로 밥상이다. 밥상에서 우리의 삶을 공급하시는 하나님에 대한 사랑과 은혜를 나누어야 한다. 밥상에서 함께 식사를 하며 가정의 규칙과 질서를 확인해야 한다. 식탁은 가정의 가장 기본적이며 중요한 의식의 자리다.

밥상머리 대화법: 적극적 공감

사람과의 관계가 어려워지면 가장 먼저 피하는 자리가 식탁이다. 부부가 싸우면 밥을 따로 먹는다. 자녀가 부모에게 혼이 나면 식탁을 피한다. 반면 관계가 좋아지면 가장 편안한 자리가 식탁이다. 함께 밥을 먹는 사람들의 표정을 보면 그들이 서로 얼마나 친밀한지를 알 수 있다. 그러므로 부모는 식탁에서 적극적으로 공감의 대화를 해야 한다. 가족은 식탁에서 편안하게 서로의 생각과 감정을 말할 수 있어야 한다. 적극적인 공감을 위해서는 먼저 적극적인 경청을 해야 한다. 적극적인 경청이란 상대의 말을 평가하지 않고 있는 그대로 수용하는 것이다. 부모는 자녀의 말을 중간에 잘라서는 안 된다. 자녀의 감정을 함부로 판단해서도 안 된다. 그렇다면 식탁은 피하고 싶은 자리가 될 것이다. 자녀의 말과 감정을 있는 그대로 받아들일 뿐만 아니라, 자녀가 느끼고 있으나 미처 표현하지 못한 감정과 생각이 있다면 그것을 반영해 주고 해석해 주는 것이 적극적 공감의 대화다.

적극적 공감을 위해 다음을 연습해 보자.

첫째, 가르침이 아니라 친밀감이 중요하다.

둘째, 먹이고 채우는 대화를 하라.

셋째, 해결책이 아닌 공감으로 다가가라.

넷째, 듣기만 하지 말고 부모가 먼저 말하라.

>>> 밥상머리 교육 지침 사항

일주일에 두 번 이상 '가족 식사의 날'을 가진다.

함께 식사 준비를 하고 함께 식탁 정리를 한다.

식사를 하는 것보다 중요한 것은 대화를 나누는 것이다.

정답보다 중요한 것은 정서다. 아이의 정서를 고려하며 대화하라.

4
길머리 교육

One Point

"길을 갈 때에든지 ... 이 말씀을 강론할 것이며"(신 6:7).

성경은 길을 갈 때 자녀들에게 말씀을 강론할 것을 말씀하셨다. 신명기 6장 7절에서 말하는 교육 공간은 정지된 강단이다. 집에 앉았을 때, 누워 있을 때, 일어날 때는 모두 정지된 상태다. 하지만 길을 갈 때 말씀을 가르치라는 것은 움직이는 동안에도 말씀을 강론하라는 것이다. 부모는 움직이는 강단이다. 흔히 박식한 사람을 보고 '움직이는 사전'(Walking Dictionary)이라고 한다. 하나님이 기대하시는 부모는 '움직이는 성경'(Walking Bible)이다. 하나님은 자녀와 함께 길을 걸어갈 때 말씀을 나누길 원하신다. 길을 갈 때 자녀와 함께 말씀에 관한 대화를 하기 위해서는 부모가 말씀의 사람이 되어야 한다.

길에서 대화를 나눈다는 말은 참으로 많은 의미를 포함한다. 인생을 묘사하는 많은 표현이 있지만 그중에 길과 관련된 표현들이 있

5부 언제 교육할 것인가?

다. '인생은 마라톤', '인생은 항해', '길 위의 인생', '인생이란 여행' 등등 인생은 길과 많이 연관되어 있다. 특별히 다음세대는 자신의 길(way)을 찾기 위해 고민하는 시기다. 또한 그 길을 어떻게 완주할 수 있을까에 대한 방법(way)을 고민하는 시기다. 그러므로 부모는 자녀와 함께 길을 걸을 때 과연 어떤 길이 바른길이며, 그 길을 어떻게 갈 것인가에 대한 진지한 대화를 나눌 수 있어야 한다. 나는 이를 길머리 교육이라고 부른다. 자녀와 대화를 나눌 수 있는 많은 시간들이 있지만 길을 걸으며 나눈 대화는 멋진 추억이 된다. 서로 손을 잡고 자연을 바라보며, 바람을 느끼며, 보폭을 맞추며 걷는 동안 부모와 자녀는 하나 됨을 경험한다. 부모와 자녀는 함께 같은 방향으로 걸으며 많은 대화를 나누어야 한다.

길머리 교육은 다음과 같은 의미가 있다.

첫째, 길머리 교육은 삶의 속도가 아닌 삶의 방향과 밀도를 가르친다. 생각해 보면 자녀와 함께 한가하게 길을 걸으며 이런저런 이야기를 나눈 시간이 많지 않은 것 같다. 나만 그런 것일까? 5G급 초고속을 추구하는 현대 사회에서 속도는 최고의 가치다. 하지만 교육은 속도가 아닌 각도의 문제다. 교육은 삶의 방향성을 다룬다. 길 머리 교육은 자녀와 함께 길을 걸으며 대화를 나누는 교육이다. 현대 사회에서는 땅을 밟으며 길을 걸을 기회가 점점 사라지고 있지만 다양하게 접목할 수 있을 것이다. 특별히 함께 차를 타고 이동하는 시간은 서로 깊은 대화를 나눌 수 있는 좋은 시간이다.

둘째, 길머리 교육은 동행이다. 함께 길을 걷는다는 것은 동행한다는 것이다. 부모와 자녀는 서로 동행하는 관계다. 하지만 많은 다음세대와 부모들이 외로워하고 있다. 한집안에 살고 있지만 각방을 쓰며 마음도 갈라지는 것을 종종 보게 된다. 자녀는 부모가 자신을 이해하지 못할 것이라는 확신을 지니고 있다. 그래서 자신의 삶에 큰 문제가 생겨도 부모와 상의를 하지 않는다. 때로는 부부간에도 말 못할 근심들을 지니고 있다. 다시금 가족이 함께 손을 잡고 걸어야 한다. 길을 함께 걷는 것만으로도 우리는 이 길을 동행하는 가족이란 의미를 회복하게 된다. 길머리 교육에서 가장 중요한 것은 가족의 친밀감 형성이다.

> "누군가와 함께 오랫동안 관계를 맺고 같이 걸어가는 과정에서 생겨나는 세 가지가 있는데, 그것은 신뢰, 기대감 그리고 친밀감이다. 이것을 성경에서 표현하는 도구로 바꾸면 각각 믿음, 소망, 사랑으로 대체할 수 있을 것이다."
>
> _이용규, 『같이 걷기』(규장)

셋째, 길머리 교육은 기다림이다. 길을 걷는 데는 시간이 필요하다. 더군다나 동행하기 위해서는 누군가가 기다려 줘야 한다. 서로 방향과 보폭을 맞춰야 한다. 보통 부모가 자녀의 보폭에 맞추어 기다려 줘야 한다. 하지만 부모가 가장 하기 힘들어하는 것이 기다려 주는 것이다. 부모가 자녀를 향해서 가장 많이 하는 말 중에 1위는 단연 "빨리 해"일 것이다. 길머리 교육은 서로의 속도를 인정하고 기다려 주는 것이다. 길을 혼자 갈 마음이면 모르겠지만 같이 걷기 위해서는 기다려 줘야 한다. 교육은 기다림이다. 자녀에게 내 시간을 허락해 주고 천천히 기다리다 보면 자녀는 서서히 자신 안에 숨겨둔 속살을 보여 준다. 파커 파머는 『삶이 내게 말을 걸어올 때』(한문화)에서 기다림에 대해 다음과 같이 묘사했다.

"영혼은 야생동물과 같아서 거칠고 활달하며 노력하고 자립적이지만, 동시에 매우 수줍음을 탄다. 야생동물을 보려면 숲에 들어갈 때 절대로 요란한 소리를 내며 나오라고 불러 대선 안 된다. 오히려 살금살금 걸어 들어가서 한두 시간 정도 나무 밑에 앉아 조용히 기다려야 한다. 그때 기다리던 동물이 모습을 나타내고 우리가 그토록 보고 싶어 하던 야생의 모습을 만날 수 있게 된다."

숨어 있는 야생동물을 보기 위해서는 잠잠히 기다려야 한다. 자녀의 숨겨 둔 영혼을 보기 위해서는 부모 역시 잠잠히 기다려야 한다. 부모가 강압적으로 끄집어내는 것이 아니라 스스로 자연스럽게 나올 때까지 기다려 주는 것이다. 이것이 바로 길머리 교육이다.

부모의 역할: 선지자

길머리 교육에서 부모는 선지자적 역할을 감당하게 된다. 선지자는 하나님의 말씀을 전달하는 사람이다. 선지자는 제사장처럼 일정한 공간에 늘 있으면서 정해진 일들을 하지는 않는다. 어느 곳에 있는지, 언제 사역하는지 일정하지는 않지만 하나님의 말씀이 필요할 때면 받은 말씀을 가감 없이 대언하는 일을 감당했다. 상황에 맞는 하나님의 날카로운 말씀을 전하기 때문에 선지자의 말은 때때로 아픔을 주기도 한다. 하지만 선지자는 백성들의 삶 속에 함께 거하면서 그들을 위로하며 동행하는 역할을 감당했다. 길머리 교육에서 부모의 역할이 바로 이 선지자와 같다. 같은 길을 걸어가면서 자녀들에게 꼭 필요한 하나님의 말씀으로 격려하고, 지도하고, 방향을 제시하는 것이 바로 부모의 역할이다.

길머리 대화법: 비폭력 대화(Nonviolent Communication, NVC)

길머리 교육에서 필요한 대화 스타일은 비폭력 대화다. 의도하지는 않지만 대부분 부모의 말은 자녀에게 폭력적으로 들리곤 한다. 자녀들의 감정에 공감해 주지 않고 지시적이며 일방적인 부모의 말은 자녀들에게 상처가 된다. 하지만 길머리에서 부모가 자녀와 나눌 대화는 비폭력적인 대화여야 한다. 이는 '잘못을 들춰내지 않는 대화 방식'이다. 자녀의 행동 변화에 초점을 두기보다는 애정 넘치는 관계를 형성하기 위해서 대화를 나누는 것이다. 아이에게 어떤 지식과 정보를 주입하기 위한 대화가 아니라 자녀의 생각과 감정을 듣는 대화다.

『내 아이를 위한 비폭력 대화』(양철북)의 저자 군디 가슐러(Gundi Gaschler)와 프랑크 가슐러(Frank Gaschler)는 이렇게 말한다.

"일생 동안 교육에서 배우는 건 단 5퍼센트밖에 안 되고, 우리가 기억하는 것의 95퍼센트는 가족과 사회의 상호작용에서 나온 것이라고 한다."

애정 넘치는 관계에서 나오는 상호작용이 진정한 교육을 가능하게 한다는 것이다. 그렇다. 부모가 자녀에게 폭력적인 대화를 하는 것은 부모 안에 자녀를 향한 욕구가 있기 때문이다. 하지만 애정 넘치는 교육을 위해서는 부모의 욕구보다 자녀의 욕구를 먼저 볼 수 있어야 한다.

비폭력적 대화를 위해서 군디 가슐러와 프랑크 가슐러는 다음과 같은 방식으로 대화할 것을 말한다.

1) 관찰: 내가 보고 들은 것을 말한다. "내가 …를 들을 때"
2) 느낌: 내가 어떻게 느꼈는지 말한다. "나는 …느낀다."
3) 욕구: 나에게 필요한 것을 말한다. "나는 …가 필요하기 때문에"
4) 부탁: 나의 욕구를 충족하고 싶은 것을 부탁한다. "나는 네가 … 을 해 주면 좋겠어."

예수님의 교육 강단은 길거리였다. 예수님은 제자들을 교육하실 때 학교에서 가르치지 않으셨다. 예수님은 제자들과 함께 길거리를 동행하다가 어떤 일들이 벌어지면 그 상황에 적절한 교육을 실시하셨다. 부족한 제자들을 기다려 주시고 그들의 실수와 아픔을 교육의 재료로 삼아 길머리에서 교육하셨다. 심지어는 부활하신 이후에도 제자들을 길머리에서 교육하셨다.

> "그들이 서로 이야기하며 문의할 때에 예수께서 가까이 이르러 그들과 동행하시나 그들의 눈이 가리어져서 그인 줄 알아보지 못하거늘"(눅 24:15-16).

예수님의 십자가와 부활을 들어 알고 있음에도 불구하고 이들은 복음의 확신을 지니고 복음을 전하는 것이 아니라 도리어 피해서 내려가고 있었다. 예수님은 피해서 도망치는 제자들을 찾아가 그들과 그 길을 동행해 주셨다. 교육은 기다림이다. 예수님은 제자들이 충분히 성장하기까지 기다려 주셨다. 예수님은 폭력적인 대화가 아니라 비폭력적인 대화를 하셨다. 예수님의 필요보다는 제자들의 필요에 맞추어 대화하셨다. 그 결과 어떻게 되었는가?

> "그들이 서로 말하되 길에서 우리에게 말씀하시고 우리에게 성경을 풀어 주실 때에 우리 속에서 마음이 뜨겁지 아니하더냐"(눅 24:32).

제자들에게 변화가 일어났다. 그 변화는 머리가 아닌 가슴이었다. 그렇다. 길머리 교육은 머리를 채우는 교육이 아니라 가슴을 채우는 교육이다. 길 위에서 동행하면서 그들의 필요에 맞추어 시기적절한

교육을 하는 것이다. 부모는 길 위에서 자녀와 많은 시간을 보내야
한다. 자녀와 함께 길을 걸으며 부모는 자녀와 동행하는 존재라는
것을 알려 주어야 한다. 최고의 교육은 동행이다.

1. 성경은 시간을 구속하라고 했다. 가족과 함께하기 위해 어떤 시간을 줄일 수 있을까?

2. 인터넷과 TV 보는 시간을 줄이고 가족과 어떤 일들을 할 수 있을까?

3. 침상머리에서 나눌 대화들을 미리 정리해 보자. 어떤 대화들을 나눌 수 있을까?

4. 부모가 가정의 제사장으로서 어떤 역할들을 할 수 있을까?

5. 밥상에서 함께 식사하기 위해 가족 식사 시간을 정하자. 밥상머리에서 어떤 대화들을 나눌 수 있을까?

6. 부모가 가정의 왕으로서 어떤 역할들을 할 수 있을까?

7. 부모가 가정의 선지자로서 어떤 역할들을 할 수 있을까?

6부
어떻게 교육할 것인가?

1
단순하지만 단조롭지 않은
원 포인트 통합교육

One
Point

지금까지 신명기 6장의 쉐마 말씀을 중심으로 한 교육에 대해서 나누었다. 그 내용을 요약하면, 첫째로 왜(Why)를 통해서 교육의 목적을 살펴보았다. 대세를 따르는 교육이 아닌 세대를 고려하는 원안 중심의 교육을 강조했다. 그 결론은 가정이 주도하는 교육이다. 둘째로 누가(Who) 교육할 것인가에 대해서 살펴보았다. 성경은 한 번도 자녀 교육을 다른 사람에게 맡긴 적이 없다. 부모가 내 자녀를 교육하는 것이다. 셋째로 어디서(Where) 교육할 것인가를 살펴보았다. 교육은 다리(Bridge)를 건설하는 가교(가정과 교회) 사역이다. 가장 기본적인 교육의 장소는 가정과 교회다. 또한 대부분의 시간을 보내는 학교와의 연결도 중요하다. 모든 공간이 교육의 공간이 될 수 있도록 교육 생태계를 만드는 일이 시급하다. 넷째로 언제(When) 교육해야 하는지를 살펴보았다. 일상이 교육의 연속이다. 학교 성적이 좋기 위해서는 학교에서만 열심히 공부해서는 안 된다. 배운 바를 집에서 복습하고 또 예습해야 좋은 성적을 낼 수 있다. 마찬가지로 기독교 교육은 모든 시간에 진행되어야 한다.

그렇다면 이와 같은 교육을 어떻게(How) 실천할 것인가? 이 물음은 매우 중요한 질문이자 도전이다. 아무리 원리가 좋아도 현실적으로 실현 불가능하다면 실행할 수 없기 때문이다. 다음세대 사역자들을 만나 보면 교육에 대한 성경적 원리에 대해서 인식하지 못하는 사역자는 거의 없다. 하지만 문제는 그것을 어떻게 할 것인가에 대한 방법론(How)에 대해서 혼란스러워한다는 것이다. 원리가 탄탄하면서도 현장성 있는 방법이 있다면 지금이라도 당장 시도할 것이다.

오륜교회 역시 이 부분을 고민하는 데 많은 시간과 노력을 기울였다. 장담하건대 오륜교회는 다음세대를 위해서라면 가장 극단적인 결단도 내릴 수 있는 교회 중에 하나다. 그래서 시행착오도 많았다. 그러다 내린 결론이 '원 포인트 통합교육'이다. 원 포인트 통합교육이야말로 성경적 교육 원리를 현시대에 맞게 구현할 수 있는 방법이자 시스템이다.

다음과 같은 이유에서 원 포인트 통합교육은 이상적인 교육 방법이다.

1. 세대를 통합하는 교육을 할 수 있다.
2. 부모가 자녀를 교육하기에 가장 효과적인 방법과 방안이다.
3. 가정과 교회가 연결되는 교육이 가능하다.
4. 부모와 교사가 연결되는 교육이 가능하다.

5. 교육 공동체를 이루어 교육 생태계를 건강하게 할 수 있다.

6. 교회가 지원하고 가정이 주도하는 교육이 가능해진다.

7. 체계적인 커리큘럼 속에서 전 세대가 함께 성장하게 된다.

오륜교회는 지금 원 포인트 통합교육을 실시하고 있다. 영아부로 부터 장년부에 이르기까지 한 주간동안 같은 본문을 학습한다. 어른 들은 각자의 소그룹(순, 목장)에서 동일한 말씀을 나누고, 학생들은 각 자의 반에서 동일한 말씀을 학습한다. 전 세대가 한 본문의 말씀을 가지고 한 주간 살아가는 것이다. 원 포인트 통합교육의 방점(傍點)은 식탁 교제(가정예배)다. 서로의 소그룹에서 나누고 결심한 내용을 가 정 예배를 통해서 적용 중심으로 자신의 생각, 느낌, 결단을 나눈다. 가정과 교회가 하나 되어 다음세대를 세우기 위한 오륜교회만의 전 략이다.

원 포인트 통합교육을 한다고 하면 가장 많이 듣는 질문은 이것 이다. '그거 잘되나요?' 그 질문을 하는 마음을 충분히 이해한다. '좋 긴 한데 정말 그런 일이 가능합니까?'란 의미일 것이다. 물론 쉽지 않은 일이다. 어려운 일이었다. 하지만 교육이란 효율의 문제가 아 니라고 거듭 말했다. 하나님이 정하신 교육의 원리대로 최선을 다할 뿐이다. 다음으로 많이 듣는 질문이 '오륜교회에서 하기 때문에 가 능한 것이 아닙니까?'라는 질문이었다. 이런 질문을 하는 마음도 충 분히 이해한다. '오륜교회처럼 큰 교회에서야 뭐든 마음먹으면 쉽게 할 수 있는 것이 아닙니까? 우리처럼 연약한 교회에서는 불가능한 것이 아닙니까?'라는 의도일 것이다. 나도 이런 생각을 했던 적이 있었다. 하지만 오륜교회에서 사역하면서 느끼는 것은 덩치가 클수록 움직이기 더욱 힘들다는 것이다. 거쳐야 할 의사 결정 기구도 많다. 오륜교회에서 가능했던 것은 큰 교회이기 때문이 아니라, 교회가 원 포인트 통합교육에 대한 비전에 동의했고, 전 성도가 함께해 주었기 때문이다. 부모가 내 자녀를 교육하기로 결단하고 교회와 함께했기 때문이다. 단언하건대 교회의 크기와는 상관이 없다.

한순간에 된 것은 아니었다. 무엇이든 처음에는 다 힘든 법이다. 원 포인트 통합교육을 진행하려고 할 때 예상은 했지만 더욱 힘들고 고됐다. 다음과 같은 준비 과정들이 필요했고 이를 위한 시간이 필요했다.

· 원 포인트 통합교육을 위한 팀 구성 및 팀 빌딩
· 원 포인트 통합교육 연구
· 교재 집필
· 교사와 부모를 대상으로 한 원 포인트 통합교육 세미나
· 전 교인을 대상으로 한 원 포인트 통합교육 세미나

종종 '원 포인트 통합교육에 대해서 인정하나 너무 단조로운 것은 아닙니까?'라는 질문을 받는다. '가르쳐야 할 내용이 많은데 너무 한정적인 것만 가르치는 것은 아닙니까?'라는 의도의 질문일 것이다. 물론 가르쳐야 할 것은 정말이지 너무나 많다. 성경에 대해서, 교리

에 대해서, 성품에 대해서, 제자 훈련에 대해서 교육해야 한다. 하나같이 다 중요한 교육의 주제들이다. 하지만 시간과 공간이 제한적이다. 시간과 공간이 제한적인 반면 가르쳐야 할 내용들이 많다면 어떻게 해야 할까? 제한된 시간과 공간 속에서 가르칠 내용을 보다 정교하게 단순화해야 한다.

우리가 알듯이 스티브 잡스는 자신이 만든 회사로부터 버림을 받았다. 1997년에 회사에 복귀한 그는 2년 동안 애플에서 생산하는 제품의 가짓수를 350개에서 10개로 대폭 줄였다. 그는 기존의 제품에 대해서 무려 340번의 No를 외친 것이다. 회사를 단순하게 만들었다. 본질에 집중한 것이다. 그런 그의 전략은 적중했다.

이익을 추구하는 회사도 본질에 맞추어 단순하게 만들어 가는 시대에 기독교 교육은 어떠해야 할까? 원 포인트 통합교육은 단순함을 추구한다. 어느 정도로 단순해야 하냐면, 모든 교사, 모든 학생, 모든 부모가 한 주간의 교육 내용을 다 알도록 단순해야 한다. 너무 단순해서 어린아이부터 어른에 이르기까지 전 세대가 다 알 수 있어야 한다.

현대 건축의 3대 거장 중 한 사람인 미스 반 데어 로에(Mies van der Rohe)의 조언이다.

"Less is More"(적은 것이 많은 것이다).

레오나르도 다 빈치(Leonardo da Vinci)의 조언도 있다.

"단순함이 궁극의 정교함이다."

단순함은 부족한 것이 아니라 집중하는 것이다. 단순함은 무딘 것이 아니라 정교한 것이다. 단순화할 수 있다는 것은 핵심을 꿰뚫고 있다는 것이다. 핵심을 파악한 사람만이 단순하게 표현할 수 있다. 말과 글이 복잡하다는 것은 그 사람 안에서 정리가 되지 않았다는 것이다.

단순함은 '더 이상 뺄 것이 없는 상태'를 의미한다. 즉 핵심만 남겨 놓은 것이다. 한 주간에 하나의 말씀에 인생을 걸 수 있도록, 오직 하나의 말씀만 선명하게 보이도록 단순하게 교육하는 것이다. 원 포인트 통합교육은 그 명확한 말씀을 전 세대가 하나 되어 함께 배우자는 것이다.

오류교회는 더 적게 가르치고 더 많이 행할 수 있도록 모든 교육을 단순화했다. 너무 단순해서 '이 정도라면 나도 할 수 있겠지'라는 마음이 들 정도로 단순화했다. 하지만 결코 단조롭지 않다. 도리어 더 깊고, 더 많이 가르친다. 우리는 다음과 같은 기준으로 단순화시켰다.

첫째, 교육 과정의 통합으로 전 세대를 동일한 교육 커리큘럼으로 교육한다.
둘째, 연령별 통합으로 전 세대가 하나의 본문으로 한 주간을 살아가도록 교육한다.

셋째, 영역별 통합으로 다음세대의 주요 활동의 장인 가정과 교회와 학교를 통합한다.

'교육 과정의 통합', '연령별 통합', '영역별 통합'을 위해서는 기준이 필요했다. 교육을 단순화하고 통합하는 기준은 무엇인가? 그것은 바로 '왜'(Why)를 지속적으로 묻는 것이다. 상황이 복잡할수록 '왜'를 생각하자. 왜 나는 교사를 하는가? 왜 교사는 존재하는가? 왜 부모는 존재하는가? 왜 다음세대는 존재하는가? 아무리 복잡한 문제도 이 질문 앞에 서면 단순해진다. 즉 오륜교회의 교육 사명 선언문 앞에 서는 것이다. '가정과 교회가 연합하여 다음세대들이 하나님과의 스토리를 만들어 가도록 돕는 대안적 크리스천 교육 기관.' 이 사명 앞에 모든 교육 활동들을 세워 놓는다. 그러면 단순해진다. 선택의 결론이 빠르게 난다.

2
의도적으로 가르쳐
주도적으로 성장하게 하라

One
Point

교육은 가르치는 것이다. 교육(敎育)이란 한자를 보면 '敎'는 매를 가지고 아이를 길들인다는 뜻이고, '育'은 갓 태어난 아이를 살찌게 한다는 뜻이다. 즉, 아이를 기른다는 의미가 된다. 영어식 표현인 'Education'은 라틴어 'educatio'에서 유래된 것으로 내부에 있는 것을 '끌어 올리다'라는 의미를 지닌다. 동양적 사고의 교육은 외부에서 주입해 가르치는 것이고, 서양적 사고의 교육은 내부에 있는 것을 외부로 표현될 수 있도록 가르치는 것이라고 할 수 있다. 방향이 외부로 향하는가, 내부로 향하는가의 차이는 있지만 결국 가르치는 것이다.

주일학교 교육을 위해 가장 먼저 결정해야 할 것은 교육의 내용이다. 무엇을 가르칠 것인가를 먼저 정해야 한다. 성경을 가르치지 뭘 가르치느냐고? 물론 성경을 가르친다. 하지만 성경의 무엇을 가르칠 것인가를 결정해야 한다.

6부 어떻게 교육할 것인가?

모든 성경이 다 중요하지만 모든 성경을 다 가르칠 수는 없다. 교육은 시간과 공간 속에서 이루어진다. 주일학교 아이들이 주일학교 교육을 받는 시간은 정해져 있다. 미취학부에서부터 고등학교까지를 보통 주일학교의 형태로 본다면 아이들이 주일학교 교육을 받을 수 있는 시간은 길게 잡아서 15년이다. 15년이면 길게 느껴지는가?

하지만 보통의 교회는 15년을 염두에 두고 가르칠 내용을 정하지 않는다. 무엇을 기준으로 교육의 내용을 정하는가? 이렇게 표현해서 미안하지만, 담당 교역자 마음대로다. 이렇게밖에 표현할 수 없어 가슴이 아프다. 커리큘럼은 식단과 같다. 잘 짜인 식단은 발육에 큰 도움을 준다. 잘 짜인 커리큘럼은 성장에 결정적인 영향을 미친다. 먹는 것이 그 사람이란 말처럼, 사람은 배운 대로 성장한다. 편식(偏食)도 문제지만 편조(偏調, 편리한 대로 조리한다)가 더욱 문제다. 자신이 짜장면을 잘 만든다고 자녀에게 매일같이 짜장면만 먹여서야 되겠는가? 때로는 부드러운 것도, 때로는 단단한 것도 먹여야 한다. 요리하기 힘든 것도 먹여야 자녀가 균형 있게 성장한다.

"때가 오래되었으므로 너희가 마땅히 선생이 되었을 터인데 너희가 다시 하나님의 말씀의 초보에 대하여 누구에게서 가르침을 받아야 할 처지이니 단단한 음식은 못 먹고 젖이나 먹어야 할 자가 되었도다"(히 5:12).

커리큘럼은 의도적이고 계획적인 작업이다. 성경의 모든 것을 다 가르칠 수 없기에 의도적이고 조직적으로 가르칠 것을 선별해야 한다. 정해진 시간과 공간 속에서 교육이 효과적으로 전달될 수 있도록 커리큘럼을 잘 설계해야 한다. 언젠가 도면을 본 적이 있다. 청사진 한 장인데, 그것의 값이 대단하다. 종이 한 장의 값이 상상을 초월한다. 설계사는 그 한 장을 볼 때 종이로 보는 것이 아니라 완성된 건물의 모습으로 본다. 청사진 위에 1밀리미터도 그냥 나온 것이 없다. 1밀리미터만 잘못돼도 원하는 건물이 아닌 이상한 건물이 된다.

교육의 청사진이 필요하다. 돌로 세우는 건물을 올리는 데도 먼저 청사진을 철저하게 만든다. 하물며 돌이 아니라 사람을 세우는 교육에 청사진이 없다면 그 사람이 뭐가 되겠는가? 그 청사진이 잘못되었다면 우리가 바라는 다음세대가 아니라 다른 세대가 나올 것이다. 그러므로 교육은 철저하게 의도적으로 설계되어야 한다. 우리의 생각은 이것이다.

'의도적으로 가르쳐야 주도적으로 성장한다.'

교육 커리큘럼은 다음세대가 주도적으로 성장할 수 있도록 의도적으로 설계되어야 한다. 교사는 현장에서 매 순간 성령의 인도하심을 민감하게 받아야 하지만, 동시에 철저하게 준비해야 한다. 이런 글을 읽은 적이 있다. "오직 하나님만이 하실 수 있는 것처럼 철저하게 하나님을 의지하라. 동시에 오직 나만이 할 수 있는 것처럼 철저하게 준비하라."

오랜 시간 동안 커리큘럼에 대해 연구하면서 가장 많이 고민한 것은, 어떻게 하면 다음세대에게 성경 전체를 균형 있게 가르칠 수 있을까 하는 것이었다. 그 결과 9년 동안 성경 전체를 구속사적 관점에서 가르칠 수 있는 커리큘럼을 만들게 되었다.

1년차	1과	2과	3과	4과	5과	6과
1학기	형상	순종	준비	믿음	자비	친밀감
	창조 이야기 창세기			예수님 이야기 I 요한복음		
1년차	7과	8과	9과	10과	11과	12과
2학기	사명	용기	열정	확신	복음	충성
	사명 이야기 느헤미야, 여호수아			초대 교회 이야기 사도행전 1-12장, 요한계시록		

2년차	1과	2과	3과	4과	5과	6과
1학기	경외	인도	구별	희생	권세	정체성
	광야 이야기 출애굽기, 신명기			예수님 이야기 II 마태복음, 빌립보서, 야고보서, 베드로전서, 갈라디아서, 디도서		
2년차	7과	8과	9과	10과	11과	12과
2학기	리더십	순결	은혜	돌파	간증	소망
	사사 이야기 사사기, 룻기, 요나, 나훔			전도 여행 이야기 사도행전 13-28장, 누가복음 1-3장		

3년차	1과	2과	3과	4과	5과	6과
1학기	부르심	신뢰	보호하심	능력	공동체	경건
	왕 이야기 사무엘상, 마가복음			사도들의 편지 고린도전서, 디모데전·후서, 요한일·이·삼서		
3년차	7과	8과	9과	10과	11과	12과
2학기	공의	회복	주권	은혜	제자도	사랑
	포로 이야기 예레미아, 다니엘			복음 이야기 마가복음, 로마서		

4년차	1과	2과	3과	4과	5과	6과
1학기	비전	지혜	임재	승리	기쁨	하나님 나라
	창세기(요셉), 열왕기상			마태복음		
4년차	7과	8과	9과	10과	11과	12과
2학기	능력	말씀	예배	사랑	은혜	예수님
	열왕기상·하			호세아, 아모스, 에베소서, 빌립보서, 유다서, 히브리서		

5년차	1과	2과	3과	4과	5과	6과
1학기	정직	언어	가치	십자가	전파	변화
	잠언, 전도서, 요엘			누가복음, 빌레몬서		
5년차	7과	8과	9과	10과	11과	12과
2학기	하나님 앞에서	분별	의인	찬양	교회	통치
	사무엘하, 시편			시편, 데살로니가전·후서, 이사야		

6부 어떻게 교육할 것인가?

6년차	1과	2과	3과	4과	5과	6과
1학기	행함	겸손	위로	선택	영광	전심
1학기	민수기, 베드로후서, 고린도후서, 요한복음			요한복음, 역대상·하		

6년차	7과	8과	9과	10과	11과	12과
2학기	예배	형통	결심	정의	평강	감사
2학기	레위기, 신명기, 에스라, 에스더			미가, 나훔, 하박국, 스바냐, 학개, 스가랴, 말라기, 시편		

7년차	1과	2과	3과	4과	5과	6과
1학기	창조와 타락	족장 이야기			출애굽 이야기	
1학기	창세기	창세기			출애굽기	

7년차	7과	8과	9과	10과	11과	12과
2학기	광야 이야기	십계명 이야기	정복 이야기		예수님 이야기	
2학기	민수기	신명기	여호수아		마태복음	누가복음

8년차	1과	2과	3과	4과	5과	6과
1학기	사사 이야기		사무엘 이야기	사울 이야기	다윗 이야기	
1학기	사사기		사무엘상		사무엘하	

8년차	7과	8과	9과	10과	11과	12과
2학기	다윗 이야기	솔로몬 이야기	분열왕국 이야기			
	사무엘하	열왕기상	열왕기상	열왕기하		

9년차	1과	2과	3과	4과	5과	6과
1학기	포로 이야기		포로 귀환 이야기	복음 이야기		
	예레미야 애가	다니엘	에스라	느헤미야	요한복음	

9년차	7과	8과	9과	10과	11과	12과
2학기	초대교회 이야기		바울의 전도여행		공동서신	사도요한의 편지
	사도행전		사도행전		히브리서	요한 1,2,3서, 요한계시록

꿈이있는미래 9년 커리큘럼 내용

　　성경의 이야기들은 하나님의 구속사의 작은 조각들이다. 이 모든 이야기는 인류의 구원자이신 예수 그리스도의 이야기이다. 그러나 보통 다음세대는 성경에 나오는 이야기들은 알지만, 이야기 속에 담긴 예수 그리스도를 통한 구원의 메시지는 발견하지 못하는 경우가 많다. 성경의 이야기가 어떻게 예수 그리스도께로 향하는지, 더 나아가 우리의 이야기와 어떻게 이어지는지 말이다. 꿈이있는미래는 교과 과정을 구성할 때 창세기부터 성경의 흐름에 따라 목차를 구성하고, 성경 속에 예수 그리스도를 발견하는 눈을 갖도록 각 과를 예수 그리스도로 연결하였다. 또한 성경 본문 속에 담긴 교리를 설명하며, 그리스도의 복음과 연결된 교리적 이해를 돕도록 하였다. 따라서 9년 과정을 마칠 때, 그리스도 중심의 세계관이 구축되어 신구약 전체를 구속사적 관점에서 조망할 수 있는 안목이 생긴다. 그리고 예수 그리스도의 복음에 충실한 교리의 기초를 배우게 된다.

3
원 포인트 통합교육 교재의 특징

One Point

한 교재 안에는 그 책의 교육 철학과 교육 목표가 담겨 있다. 한 권의 책은 오랜 시간의 연구와 고민, 임상과 실천을 통해 나온다. 꿈미있는미래의 교재 역시 교재를 만들 때 많은 고민과 연구, 임상의 시간을 가졌다. 꿈이있는미래는 콘퍼런스를 통해 한국 교회에 기독교 교육의 대안을 제시해 왔다. 그리고 교회 현장에서 그 내용들을 과감하게 적용해 왔다. 때로는 실패도 하고 좌절도 경험했지만 그런 시간들이 쌓여 다음과 같은 교재의 방향성을 잡게 되었다.

공과 공부의 특징

1) 원 포인트 커리큘럼

이 부분에 대해서는 앞에서 여러 번 언급했기에 간략하게 정리하도록 하겠다. 꿈이있는미래의 교재를 사용하는 교회는 전 세대가 한 주간 같은 본문의 말씀으로 살아간다. 영아부에서부터 장년부에 이르기까지 한 주간 같은 본문을 삶에 적용하며 살아간다. 교육 부서 아이들은 〈드림웨이브(Dream Wave)〉라는 교재를 따라 말씀을 배운다. 그리고 취학부 학생들은 〈주만나 키즈〉, 청소년 학생들은 〈주만나 틴〉, 대청, 장년부는 〈주만나〉를 통해서 매일 모두 동일한 본문으로 큐티와 소그룹 활동을 한다. 매일 새벽에 드리는 새벽 예배 역시 원 포인트 커리큘럼에 의해서 진행된다. 가정에서는 동일한 본문을 가지고 식탁 교제라는 이름으로 대화 중심의 가정 예배를 드리고 있다.

2) 자기 주도적

꿈이있는미래의 교재는 자기 주도적 학습을 지향하도록 집필되었다. 자기 주도 학습은 1961년 미국의 사회교육에서 시작되었다. 자기 주도 학습이란, 명칭 그대로 학습자가 주도적으로 학습을 수행해 나가는 것을 의미한다. 아이들은 말하고 싶어 한다. 생각해 보면 요즘 아이들에게는 자신의 생각과 감정을 허심탄회하게 말할 수 있는 기회와 공간이 없다. 교회는 그런 공간이 되어야 한다. 조선 시대에 신문고가 있어서 자신의 속마음을 외쳤던 것처럼 주일학교 공간이 또 다른 신문고의 현장이 되어야 한다.

자기 주도 학습에서 중요한 것은 학습자의 내부에서 일어나는 인

지적, 정서적 반응이다. 학습자가 느낀 것, 궁금해하는 것을 토론하고, 스스로 정의하고, 한 주간의 삶을 계획하도록 돕는 것이다. 중요한 것은 학습자의 자율성이다. 그래서 오류교회 교재는 지성과 감성을 자극하고 스스로 기록할 수 있도록 구성되어 있다. 성경 본문에 대한 최소한의 질문이 있지만, 이것은 사실 별로 중요하지 않다. 아이들이 말할 것이 없을 때를 대비해서 준비해 놓은 것에 불과하다. 중요한 것은 아이들이 설교 시간에 들은 것, 생각한 것, 느낀 것, 궁금한 것, 결단한 것이다. 교사는 그것을 질문하고 탐색하고 자극시킨다.

교사는 다음과 같은 질문으로 공과 공부를 시작한다.

"오늘 말씀을 들으면서 어떤 생각이 들었니?"

"오늘 말씀을 들으면서 궁금했던 점은 없었니?"

"오늘 말씀을 들으면서 새롭게 결단한 것은 없었니?"

아이들이 별로 궁금해하지도 않는 것, 교사가 준비한 것으로 시작하는 것이 아니라 아이들이 관심 있어 하는 것으로 시작한다. 아이들은 자기 안에서 나온 것에 대해서 흥미를 지닌다. 교사들이여, 공과 공부에 대한 방향을 잃을 것 같아 걱정하지 않아도 된다. 그 순간에 나눈 대화가 혹여나 교재의 내용과 별 상관이 없는 내용일지라도 그것이 아이들에게는 의미 있는 것이다.

3) 플래닝

오류교회는 오랜 시간 동안 플래닝을 교육의 중요한 부분으로 활용해 왔다. 청소년 사역의 핵심으로 비전 플래너(Vision Planner)를 만들어 하나님 안에서 사명을 발견하고, 사명 중심으로 인생을 플래닝해 나갈 수 있도록 교육하고, 교재에 그동안 했던 플래닝의 중요한 부분을 담았다. 플래닝에서 가장 중요한 요소는 사명 발견하기다. 플래닝은 자신의 인생을 자신이 주도해 나가는 것이 아니라 하나님이 나에게 주신 사명을 완성하기 위한 전략이다. 근본적으로는 내가 원하는 삶이 아닌 하나님이 나에게 원하시는 삶을 계획해 나가는 것이다. 플래닝은 기본적으로 다섯 단계로 구성되어 있다.

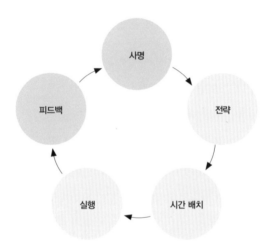

첫째는, 사명 발견하기다. 플래닝은 스케줄링이 아니다. 스케줄링은 방학 때마다 하는 것이다. 그것은 하루의 일과를 시간별로 정리한 것이다. 플래닝은 목표 관리가 핵심이다. 사명을 발견하고 성취하는 것이 목적이다. 그러므로 사명 발견하기가 플래닝에서 가장 우선한다. 둘째는, 사명을 이루기 위한 전략을 짜는 것이다. 전략은 구체적으로, 가급적이면 수치화를 통해서 나타내도록 한다. 피상적인 전략은 피상적인 결과를 낳는다. 구체적인 전략은 구체적인 결과를 만들어낸다. 전략은 한눈에 알아볼 수 있도록 구체적으로 세워야 한다.

셋째는, 전략을 이루기 위한 시간 배치다. 이 세상에서 시간만큼 공평한 것도 없다. 누구에게나 24시간이 주어졌다. 하나님은 사명을 이룰 만한 충분한 시간을 주셨다. 문제는 우선순위다.

넷째는, 실행이다. 많은 학생이 3단계까지 작성하는 데 많은 시간을 보낸다. 좋다. 하지만 3단계에서 머무는 것은 비참한 일이다. 실행해야 한다. 움직여야 한다. 큰 것을 이루려고 하기보다는 지금 할 수 있는 작은 것을 행해야 한다.

다섯 번째는, 피드백이다. 어쩌면 플래닝에서 가장 중요한 것이 피드백이라고 할 수 있다. 플래닝을 지속적으로 하는 학생들은 모두가 다 끊임없이 피드백을 하는 학생들이다. 계획을 세우는 것만큼이나 일상을 평가하는 것이 중요하다. 잘한 점, 개선해야 할 점, 적용해야 할 점을 구분해서 지속적인 피드백을 해야 한다.

4) 가정 친화적

최근 들어 사회의 모든 부분이 가정 친화적인 움직임을 보이고 있다. 저출산 문제가 사회의 가장 큰 문제로 대두되면서 이를 극복하기 위한 전략들이 나오는데 그 핵심이 '가정 문화 선진화'다. 즉 가정 중심의 사회가 되어야 한다는 것이다. 사회의 시스템이 가정을 도와주는 분위기로 가지 않으면 이 사회의 악순환은 계속될 것이다.

교회 역시 마찬가지다. 교회와 가정은 하나의 공통된 사명을 지닌다. 하나님의 다음세대를 잘 양육해서 하나님의 사람이 되게 하는 것이다. 그러므로 교회는 가정 친화적이어야 한다. 교회는 가정의 필요를 채워 줘야 한다. 교회는 가정을 필요로 하고 가정은 교회의 도움을 받아야 한다. 꿈이있는미래의 사명은 '가정과 교회가 연합하여 다음세대들이 하나님과의 스토리를 만들어 가도록 돕는 대안적 크리스천 교육기관이 된다'이다. 그 첫 문장이 '가정과 교회의 연합'이다.

그래서 교재에 빠지지 않는 질문 항목이 '가정 안에서 믿음을 어떻게 실현할 것인가'이다. 오늘 주어진 말씀을 가지고 한 주간 가정 안에서 어떻게 살아갈 것인가를 계획하고 시도할 수 있도록 돕고 있다. 이를 위해서 꿈미는 홈페이지를 통해 부모들의 교육을 돕고 있다. 또한 가정에서 부모와 함께할 수 있는 내용을 수록해 놓았다. 한국 땅에 인터넷이 발전한 데는 이유가 있다. 선교적 차원으로 잘 활용하라는 하나님의 뜻이 있다고 믿는다. 멀게만 느껴지던 교회와 가정과의 거리가 인터넷으로 인해서 한결 가까워졌다. 꿈이있는미래는 인터넷과 휴대폰으로 월별 주제 영상, 월별 공과 지침서 영상, 월별 주제 제기 영상, 가정 예배 지침서 등을 부모가 볼 수 있도록 공개해 놓았다.

4
발달 단계를 고려하라

오륜교회 교육국의 이름은 꿈미 드림랜드(Dream Land)다. 이름은 중요하다. 어떤 대상을 부르는데 이름이 없다면 '나와 그것'의 관계에 지나지 않는다. 하지만 이름을 부른다면 '나와 너'의 관계가 된다. 교육국, 교육 부서는 왠지 거리감이 느껴진다. 얼마 전 라디오를 듣는데 '사물 작명소'란 프로그램이 있었다. 자신이 애용하는 사물에 이름을 붙이는 코너였다. 한 여자 분이 자신이 늘 안고 자는 '죽부인'에 이름을 붙여 달라고 했다. 얼마간 재미있는 아이디어가 오고 가더니 '뿌잉뿌잉 죽부인'으로 이름이 정해졌다. '사물은 요물'이란 말이 있다. 평범한 사물에 애정이 가면 특별한 관계를 맺는 요물이 된다는 의미다. 생각해 보면 이름이 붙여지는 순간 사물이 요물이 되는 것 같다.

그래서 드림랜드란 이름을 붙였다. 이 이름은 부를수록 애정이 간다. 오륜교회 주일학교가 새로운 생명을 싹 틔우는 마당이 되길 바란다. 하나의 씨앗이 잘 자라기 위해서는 씨앗도 중요하지만 땅이 좋아야 한다. 아무리 좋은 씨앗도 땅이 메마르면 생명을 품을 수 없다. 예수님 역시 천국 비유 중에서 네 땅에 관한 비유를 말씀하셨다. 씨앗은 동일하지만 어느 땅에 떨어지느냐에 따라 결실이 달랐다. 땅이 중요하다. 아이들이 좋은 땅에서 하나님의 꿈을 꾸고, 꿈을 먹고, 꿈의 열매를 맺기를 바랐다. 이름을 드림랜드로 붙이고 나니 정말 교육 부서를 그런 눈으로 바라보게 되었다. 이름은 새로운 시각을 준다.

당신 교회의 교육 부서 이름은 무엇인가? 이름을 붙여 보라. 이름을 정할 때는 비전과 소망을 담아야 한다. 자녀의 이름을 정하는 마음으로 만들어 보길 바란다.

· 교육 부서 이름: _____

드림랜드 속에는 연령에 따른 세 개의 큰 부서가 있다.

· Dream Kids(0-7세)

· Dream School(8-13세)

· Dream Teens(14-19세)

· Dream Youth(20세~결혼 전)

· Dream Parent(부부)

학령기 전 아이들은 Dream Kids로 영아부(0-3세), 유아부(4-5세), 유치부(6-7세)로 구성되어 있다. 초등학교 아이들은 Dream School 이다. 크게는 초등 저학년과 초등 고학년으로 구분된다. 청소년은 Dream Teens로 중등부와 고등부로 구분된다.

아이들은 계속해서 변화한다. 외적인 성장은 20세 전으로 거의 마치지만 내적인 성장은 계속해서 진행된다. 그러므로 교육을 위해서는 아이들의 발달 단계를 고려해야 한다. 연령별 발달 단계를 고려해서 교과 과정을 정해야 한다. 많은 학자가 발달 단계에 따른 주요한 학습 과제를 연구했다. 오륜교회 교과 과정을 설계할 때 다양한 이론들을 참조해서 다음과 같은 학습 목표를 정했다.

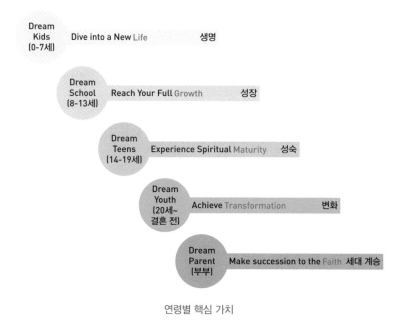

연령별 핵심 가치

즉 꿈이있는미래는 커리큘럼에 의해서 교육을 하지만 각 연령별 발달 단계를 고려해서 학습 방법 및 적용점을 결정한다. 예를 들면, 같은 아브라함을 배우더라도 연령에 따라 적용점이 다른 것이다. 미취학부는 아브라함과 하나님과의 만남이 초점이라면, 취학부 저학년은 아브라함의 성장, 취학부 고학년은 아브라함의 성숙, 중학생은 아브라함의 변화, 고등부는 아브라함의 섬김을 초점으로 교재를 구성한다.

각 단계별 원 포인트 통합교육의 적용점을 살펴보면 다음과 같다. Dream Kids(0-7세)의 교육 목표는 '생명'이다. 미취학부 아이들의 영혼의 밭에 생명의 씨앗을 뿌려야 한다. 조기 교육을 강조한다. 조기 교육 중에서 가장 먼저 시켜야 할 교육이 있다면 영적인 조기 교육이다. 우리나라 속담에 "세 살 버릇 여든까지 간다"고 했다. 프로이트(Sigmund Freud) 이후에 많은 심리학자와 교육학자가 오랜 연구 끝에 내린 결론을 우리나라 조상들은 이미 알고 있었다. Dream School(8-13세)의 교육 목표는 '성장'이다. 사람에게는 결정적인 시기가 있다. 인생의 모든 순간이 다 중요하지만 결정적으로 중요한 시기가 있다는 것이다. 심리학에서는 보통 0-4세까지를 인격 형성의 결정적인 시기로 본다. 이때 맺은 관계의 패턴을 가지고 나머지 인생을 살아간다는 것이다. 신경학자들은 뇌 발달의 결정적인 시기를 12세까지라고 한다. 10세 정도가 되면 뇌의 시냅스 회로가 가장 촘촘한 시기를 보내고, 12세를 전후로 시냅스의 수가 점점 줄어든다고 한다. 육체적으로 보면 두 번 결정적으로 성장하는 시기가 있다.

0-4세까지 한 번, 사춘기 시절이 또 한 번이다.

기독교 교육에서 가장 중요한 시기는 취학부 어린이들이다. 그래서 모든 기독교 교육 교재는 취학부를 기준으로 만들어진다. 미취학 시기는 사고력의 한계가 있기에 기독교의 진리를 받아들이기 어려운 시기고, 청소년은 사춘기로 들어가 소통하기 힘든 시기다. 오륜교회는 '성장'을 교육 목표로 두고 아이들의 전인격적인 성장을 위해서 노력하며, 자신들의 신앙을 잘 지키며 사춘기를 맞이할 수 있도록 한다. 지금은 사춘기로 들어가는 나이가 빨라졌다. 초등학교 고학년 때부터 사춘기를 경험한다. 더군다나 다양한 미디어 채널을 통해서 아직 자신들만의 세계관이 형성되기 이전에 세상을 많이 보고, 느끼고, 알게 된다. 오륜교회 취학부 고학년은 이런 시기를 잘 통과할 수 있도록 많은 대화를 시도하고 아이들의 생각을 존중하는 교육을 진행한다.

Dream Teens(14-19세)에서 중등부의 교육 목표는 '성숙'이다. 우리나라에만 있는 병 중에 '중2병'이 있다. 김정은도 중2가 무서워 남한을 침략하지 못한다고 하니 중2가 특별한 세대인 것만은 맞다. 중학생에게 가장 필요한 것은 변화다. 이들은 변화에 대한 강한 내적 동기를 지니고 있다. 다만 어떻게 변화를 맞이하는지를 몰라 방황할 뿐이다. 방황하고 있다면 그것은 변화하고 싶다는 외적 표시다. 방황을 해야 방향을 잡는다고 한다. 맞다! 중학생의 방황은 의미 있는 방황이다. 이때의 방황이 평생의 인생 방향을 잡아 줄 것이다. 이때 말씀 교육을 통해서 정확한 방향을 알려 줘야 한다. 변화를 경험하도록 해야 한다.

고등부의 교육 목표는 '섬김'이다. 더 이상 '애들은 가~' 하는 식의 태도로는 아이들을 교육의 주체로 끌어올릴 수 없다. 아이들이 어른들보다 더욱 역동적인 사역을 감당할 수 있다. 아이들을 학습의 대상으로만 보는 것이 아니라, 지금 그들의 자리에서 사역의 주체가 되게 해야 한다. 아이들은 자신들도 주체하지 못하는 자신들 속에 있는 에너지를 발산하고 싶어 한다. 이들이 마음껏 활동할 수 있는 섬김의 장을 열어 주어야 한다. 오륜교회는 고등부 학생들이 자신들의 은사와 달란트를 따라 섬길 수 있는 기회의 장을 마련하고자 노력하고 있다. 어떤 아이는 율동 팀에서, 어떤 아이는 보조 교사로, 어떤 아이는 전도 특공대에서 섬기고 있다. 이들이 섬기는 모습을 보면 얼마나 순수하게 열정을 다해서 섬기는지 모른다. 어른들이 감히 상상하지도 못한 일들과 상상하기는 했지만 미처 행동으로 옮기지 못한 일들을 이들은 과감히 해낸다.

꿈이있는미래는 이와 같은 연령별 발달 목표를 가지고 교육의 방향성과 적용점을 만들어 가고 있다. 9년을 기준으로 동일한 본문의 말씀을 배우지만 학년이 올라갈수록 강조점과 적용점이 달라진다. 아이들에게 최적화된 말씀을 가르치는 것이다.

5
원 포인트 통합교육의 프로세스

**One
Point**

원 포인트 통합교육은 하나의 프로그램이 아니라 프로세스다. 교육은 프로그램으로 되는 것이 아니다. 프로그램은 행사 중심이다. 프로그램은 단기간에 성과를 내기 위한 것이다. 하지만 교육이란 프로세스다. 그래서 교육을 백년지대계(百年之大計)라고 하지 않는가! 꿈미는 교육 과정을 생각할 때 하나의 교육이 다른 교육과 연결되도록 구성했다. 한 교회 내에 다양한 교육적 활동이 있을 수 있다. 좋은 것이다. 하지만 산발적이어서는 안 된다. 다양할 수는 있으나 복잡해서는 안 된다. 서로의 교육 활동이 교육 목적에 맞게 내적 긴밀성을 지니고 있어야 한다.

내적 긴밀성을 위해서는 교육 내용도 중요하지만 더욱 중요한 것은 교육 환경이라고 생각한다. 교육은 진공 속에서 이루어지는 것이 아니라 구체적인 환경 속에서 이루어지기 때문이다. 교육 환경이 안 좋으면 좋은 교육 효과를 기대하기 힘들다. 물이 맑은 옹달샘이 있다면 주변에는 반드시 연하고 아름답고 예쁜 생물이 살아간다. 반면 물이 없고 거친 땅에서는 거친 식물만이 살아간다. 그래서 사막에서는 가시가 난 식물들이 자란다. 우리는 원 포인트 통합교육이 지속, 반복적으로 이루어지기 위해서는 다음과 같은 교육 환경이 내적 긴밀성을 지니고 연결되어야 한다고 생각했다.

오류교회 원 포인트 통합교육의 한 주간의 모습은 다음과 같다.

먼저 같은 본문으로 새벽 예배를 드린다. 전 세대가 같은 본문으로 하루를 살아가기 위해서 새벽 예배의 본문을 통일했다. 성경 본문은 꿈미에서 발행하는 큐티 책의 순서를 따라 진행한다. 꿈미에서는 원 포인트 통합교육을 위한 큐티로 청장년을 위한 〈주만나〉와 취학부 어린이를 위한 〈주만나키즈〉, 청소년을 위한 〈주만나 틴〉을 발행한다. 각자의 연령과 상황에 따라 묵상 포인트와 적용점은 다르지만 같은 본문으로 하나의 영적인 맥을 잡을 수 있도록 구성했다.

새벽 예배 이후에 같은 본문으로 개인 경건의 시간, 큐티 시간을 갖는다. 개인 묵상의 시간을 통해서 말씀의 씨앗이 내면에 자리를 잡게 된다. 전 세대가 같은 본문으로 큐티를 하는 것만으로도 영적인 동질감을 느낀다.

새벽 예배의 본문이 진행되는 가운데 그중 하나의 본문이 장년부 순 모임(구역, 셀 등) 교안으로 사용된다. 한 주간의 본문 중에서 하나의 본문을 선택하는 기준은 그달의 중심 주제가 된다. 예를 들면 신명기를 배울 때 중심 주제는 '구별'이다. 그리고 한 주간 주제는 다음과 같이 정했다.

1주. 구별을 위한 변화를 시작하라(신 6:4-9).
2주. 무엇을 먹을지 구별하라(신 8:1-10).
3주. 누구를 섬길지 구별하라(신 9:13-21).
4주. 축복과 저주의 갈림길 앞에서 구별하라(신 11:26-32).

여기서 중요한 것은, 아이들이 주일에 같은 본문으로 예배를 드리기 전에 먼저 부모가 순 모임을 통해서 학습한다는 것이다. 꿈미 교육의 제1 대상자는 부모다. 부모가 먼저 배우고 그 다음에 자녀가 배운다. 배우기를 포기하면 가르치기를 포기하라고 했다. 부모는 먼저 학습자여야 한다. 부모가 먼저 배움으로 자녀를 가르치기 전에 말씀을 몸에 익히게 된다. 먼저 말씀을 묵상하고 삶 속에 실천하므로 자녀들을 양육할 때 자신의 삶 속에 살아 숨 쉬는 말씀을 전할 수 있게 되는 것이다. 또한 부모가 먼저 배움으로 주일에 자녀가 배울 것을 미리 알게 된다. 그러므로 부모는 주일 전에 자녀와 주일에 배울 내용에 대해서 대화를 나눌 기회를 만들 수도 있다. 실제로 이런 대화를 시도했을 때 아이들이 교회에서 배울 것에 대해 더욱 많은 흥미를 지니고 예배 중에도 더욱 집중하는 모습을 보게 된다.

주일이 되면 자녀들은 각자의 부서에서 그들에게 맞는 예배를 드린다. 전 세대가 같은 본문, 같은 주제로 예배를 드리지만 적용점은 각자의 발달 단계에 따라 다르다. 연령에 따라 그들에게 맞는 예배 형식, 찬양 곡 선정, 설교 전달 방법, 공과 공부의 스타일이 결정된다. 모든 세대 설교자는 같은 본문에 따라 설교를 하고, 이후에 같은 본문으로 적용 중심의 공과 공부를 진행한다.

꿈미 교육의 핵심은 가정 예배에 있다. 주중에 가족이 함께 모여 가정 예배를 드린다. 모두가 편안한 시간에 드릴 수 있겠으나 보통은 화, 목 저녁을 추천한다. '화목한 가정 예배'를 드리라는 의미에서다. 어떤 가정이 화목한 가정이겠는가! 함께 모여 영적인 공동체임을 확인하는 가정이다. 최고의 친밀감은 영적인 하나 됨을 경험하는 것이다. 영원 전부터 영원까지 지속하는 친밀감이다. 오륜교회에서는 가정 예배를 식탁 교제라고 부른다. 한국에서는 예로부터 밥상머리 교육이 있어 왔다. 식사를 함께하는 것은 가족의 중요한 의식과 같은 것이었다. '식구'(食口)라는 단어 자체가 식사를 함께하는 사이를 의미하지 않는가! 식탁 교제는 적용과 나눔 중심의 대화가 있는 가정 예배다. 기존의 가정 예배 형식은 인도자가 대화의 모든 부분을 감당하고 나머지 사람들은 수동적으로 듣는 것이었다. 식탁 교제는 열린 대화 형식의 나눔의 시간이다. 성경 본문에 대한 내용은 이미 서로의 소그룹에서 예배를 드려서 알고 있다. 적용과 나눔도 이미 했다. 식탁 교제의 시간에는 본문에 대한 자신의 생각, 느낌, 적용을 나누면 된다.

기독교 교육을 위한 가장 핵심적인 부분은 큐티-소그룹-주일 예배-가정 예배다. 큐티는 개인 경건의 시간이고, 소그룹은 그룹 경건의 시간이고, 주일 예배는 전 공동체적 경건의 시간이고, 가정 예배는 가족 경건의 시간이다. 오륜교회는 꿈미 교육을 통해 이 네 가지 핵심적인 부분을 원 포인트 통합교육으로 진행한다. 안타까운 것은 대부분의 교회에서 이 네 가지 부분이 서로 분리되어 있다는 것이다. 한 사람의 성도만 생각해 봐도 그렇다. 개인적으로 큐티를 하는 성경 본문이 있다. 소그룹으로 모였을 때 공부하는 교재가 따로 있다. 주일 예배 본문은 담당 사역자에 따라 결정된다. 가정 예배 역시 가장의 주도하에 본문이 결정된다. 한 주 동안에 많은 성경 본문을 보지만 이곳저곳 분산되어 있어 집중하기 어렵다. 하나의 말씀이 내 영혼 안에 자리를 잡기 전에 다른 말씀이 들어와 밀어낸다. 하나의 말씀을 내 안에 붙잡아 두고 묵상해서 삶에 적용할 시간을 허용하지 않는 것이다. 연결해야 한다. 한 주간 하나의 말씀이면 충분하다. 하나의 말씀이 너무 작아 보이는가?

게리 켈러(Gary Keller)는 『원씽』(비즈니스북스)이란 책에서 과학자인 론 화이트헤드(Lorne whitehead)가 〈미국 물리학 저널〉에서 소개한 도미노 실험을 이야기한다. 하나의 도미노는 다른 하나의 도미노를 쓰러뜨릴 뿐 아니라 자신보다 1.5배가 큰 것도 넘어뜨릴 수 있다는 것이다. 도미노의 크기를 계속해서 1.5배씩 크게 배열한다. 첫 번째 도미노의 높이가 5센티미터일 때 어떤 일이 벌어지는지 아는가? 그 결과는 상상을 초월한다.

열 번째 도미노는 프로 미식축구 리그의 유명한 쿼터백인 페이톤 매닝만큼 클 것이다. 스물세 번째 도미노는 에펠탑보다 클 것이고, 서른한 번째 도미노는 에베레스트 산보다 900미터나 더 높을 것이다. 그리고 쉰일곱 번째 도미노는 말 그대로 지구에서 달까지 다리를 놓아줄 것이다.

독립된 하나는 그냥 하나의 몸짓에 불과할 것이다. 하지만 연결된 하나는 나비효과처럼 어떤 일을 낼지 모른다. 다음과 같은 일들이 벌어지는 것이다.

오류교회는 하나의 말씀으로 교육의 내용을 통합시켰다. 많이 가르치기보다는 적게 가르쳐 기억에 많이 남게 하고, 적게 가르쳐 삶에 확실히 적용할 수 있게 하려고 했다. 전 세대가 한 주간 하나의 말씀으로 살아간다. 하나의 말씀이 한 주 한 주 동안 한 사람의 삶을

새벽예배   큐티   소그룹   주일예배   가정예배   연령별/영역별
통합교육

신행일치(信行一致)할 수 있도록 하기 위함이다. 하나의 말씀이 반복될 때 엄청난 변화를 일으킨다. 그 변화는 입에서만 일어나는 것이 아니라 삶 전체를 변화시킨다. 오류교회는 원 포인트 통합교육의 프로세스를 통해서 삶 전체를 변화시키고자 한다.

6
원 포인트 통합교육의
다양한 형태

One
Point

통합교육에 대한 여러 교회들의 시도가 이미 있어 왔다. 이렇게 중요한 것을 모른 척하고 넘어갔을 리가 없다. 이미 미국을 중심으로 많은 교회와 기관에서 이를 실시했었다. 그리고 좋은 교육적 효과를 보기도 했다. 한국 역시 많은 교회와 기관에서 원 포인트 통합교육에 대한 깊은 연구를 통해 목회 현장 가운데 실현하고 있다. 원 포인트 통합교육에 대한 이론적 공부와 함께 현장을 둘러보면서 아직까지 한국 교회에 소망이 있다는 것을 느낀다.

목회는 특정한 시공간 속에서 이뤄지는 것이기에 각각의 목회 환경이 다 다르다. 그러므로 개 교회에 적합한 교육 방법 역시 다를 것이다. 더군다나 한국 사회의 가정의 형태가 급격하게 변화하고 있다. 한민족, 단일민족을 자랑스러워했던 대한민국 역시 이미 다문화 국가가 되었다. 예전에 크레파스와 물감에는 '살색'이란 것이 있었다. 하지만 이제는 살색이란 것이 없어졌다. 예전의 살색은 '살구색'

으로 이름이 바뀌었다. 살색이란 민족에 따라 다르기 때문이다. 가족 구성원의 형태도 급변하고 있다. 결혼 시기가 늦어지고 미혼 인구가 급증하고 고령화 사회가 되면서 이제는 1인 가구가 흔한 가족 형태가 되었다. 혼밥족을 흔하게 볼 수 있는 시대다.

삶을 변화시키는 기독교 교육을 위해서는 먼저 내가 목회하는 현장에 대한 이해가 필요하다. 그 목회 현장에 최적화(optimization)되고 구성원의 요구에 맞게 개선된 교육이라면 반드시 큰 교육 효과를 낼 수 있을 것이다. 원 포인트 통합교육을 준비하면서 많은 교회를 탐방했다. 국내외에서 원 포인트 통합교육을 적용하고 있는 건강한 교회들을 보면서 가슴이 뜨거워졌다. 교회 사역자들과 대화하면서 그들이 말하는 교육의 중요성과 방향성 그리고 실제로 교육 현장에 적용하면서 겪었던 어려움들은 나에게 보석과 같이 중요한 자원이 되었다. 교회마다 상황에 맞게 원 포인트 통합교육을 실시하고 있는데, 그들의 형태를 분류하면 다음과 같이 구분할 수 있을 것이다.

1) 전 세대가 같은 공간에서 함께 예배

가장 과격한 형태의 원 포인트 통합교육으로서 전 세대가 함께 예배를 드리는 형태다. 물론 1960년대 이전의 교회들은 대부분 전 세대가 함께 예배를 드렸다. 하지만 산업화가 활발히 진행되고 교육학 및 심리학의 발달로 연령대에 맞는 교육을 실시하기 시작하면서 각 연령에 맞게 예배드려야 한다는 것이 일반적인 생각이 되었다. 하지만 몇몇 교회에서는 전 세대가 함께 예배드리는 형태를 유지하면서 전 세대를 하나로 통합하려는 시도를 하고 있다.

2) 전 세대가 같은 공간에서 함께 예배드린 이후 각 부서별 공과 공부

몇몇 교회들은 함께 예배를 드린 이후에 각 연령대에 맞는 부서에 모여 공과 공부를 진행한다. 예를 들어, 서울 한 교회의 경우 전 세대가 다 같이 한 예배당에 모여 먼저 다음세대 아이들의 예배를 진행한다. 아이들은 전부 강대상 앞쪽에 몰려 앉아 있고 담당 사역자가 예배를 인도한다. 그 모든 과정을 장년들은 뒤쪽 의자에 앉아서 지켜본다. 이를 통해서 장년들은 아이들이 어떤 말씀으로 예배드렸는지를 알게 된다. 예배를 마치면 아이들은 각자의 부서로 이동해서 다음 활동을 하고, 뒤이어 장년들이 예배를 드린다.

3) 전 세대가 각자의 공간에서 원 포인트 통합교육으로 예배

원 포인트 통합교육을 하는 교회들의 가장 일반적인 모습이라고 할 수 있다. 전 세대가 원 포인트 통합교육으로 예배를 드리되 각자의 공간에서 예배를 드린다. 설교해야 할 본문은 대개의 경우 주초에 담임목사가 결정한다. 그러면 담당 교육 부서 사역자들은 그 본문을 가지고 각자의 부서 아이들에게 맞게 설교를 준비하고 예배를 인도한다.

4) 전 세대가 한 달 혹은 분기에 한 번씩 원 포인트 통합 예배

몇몇 교회는 날짜를 정해서 그날은 전 세대가 함께 예배를 드린다. 미국 노스포인트 교회의 경우 키즈스터프(Kidstuff)라는 예배 시간을 두고 한 달에 한 번씩 원하는 부모가 아이들과 함께 모여 예배를 드린다. 원래는 매주 진행하던 것을 한 달에 한 번으로 축소해서 진행하고 있다. 간헐적인 모임이지만 전 세대가 함께 모이기 위한 시도를 하고 있는 것이다.

5) 장년부 주일 설교는 담임목사가, 주일학교 예배는 원 포인트 통합교육

원 포인트 통합교육의 또 하나의 모델은, 담임목사의 설교는 담임목사가 결정하고 주일학교부터 장년부에 이르는 각각의 모임은 원 포인트 커리큘럼을 진행하는 것이다. 오륜교회는 이 모델을 선택해서 진행하고 있다. 이 모델이 목회 현장에서 가장 현실적이라고 판단했기 때문이다. 담임목사는 하나님이 그 교회에 세우신 목자다. 담임 목사의 설교는 성경적이면서도 시대성을 담고 있어야 한다. 또한 그때마다 시대와 성도를 향한 메시지를 전해야 한다. 반면 커리큘럼은 이미 적어도 1년 전에 작성된 것이다. 담임목사의 설교가 커리큘럼에 매이면 설교 내용에 있어서 자유롭지 못하게 된다. 대부분의 교회에서 원 포인트 통합교육에 대한 필요성을 인정하면서도 실제적으로 진행하지 못하는 가장 큰 이유는 담임목사의 설교 때문이었다. 오륜교회는 담임목사의 설교에 있어서는 담임목사의 권한에 둔다. 원 포인트에 맞는 설교를 하든, 그때마다 하나님이 주신 마음으로 설교 본문을 잡든 자유롭게 한다. 하지만 설교 중간에 커리큘럼과 관련된 내용을 언급하기도 하고, 또한 새벽 예배부터 순 모임,

주일학교 예배가 원 포인트로 진행되기에 전 세대가 나누어진다는 느낌을 전혀 받지 않는다.

원 포인트 통합교육이란 획일화된 교육을 의미하는 것이 아니다. 무조건 전 세대를 하나로 맞춰야 하는 것도 아니다. 목회와 교육은 현장이 중요하다. 현장 속에서 목회와 교육이 이뤄진다. 목회 상황과 현장은 교회마다 다르다. 같은 지역이라 할지라도 구성원이 다르기에 차별화된 교육을 할 수밖에 없다. 위에서 언급한 방법 외에 다른 더 좋은 방법이 있다면 얼마든지 시도해도 좋다. 그리고 더 좋은 방법들이 나와야 한다고 생각한다.

『가정 사역 패러다임 시프트』에서 티모시 폴 존스는 가정 사역에 대해 다음과 같이 구분한다. 이러한 구분은 가정 사역을 이해하는 데 매우 유용하다.

프로그램 중심 사역 모델은 사역들이 분리되어 있고 세대 간의 교제가 거의 없는 형태를 의미한다. 가정 기초 사역(Family-Based Ministry) 모델은 교육 부서를 두고 세대 간에 활동과 행사를 같이하는 것이다. 가정 구비 사역(Family-Equipping Ministry) 모델은 교육 부서를 두고 부모를 가장 우선순위로 생각한다는 것이다. 부모가 자녀를 제자화 할 수 있도록 교회 사역을 재조정한다. 가정 통합 사역 (Family-Integrated Ministry) 모델은 '가정 제자화'된 모델이다. 이 모델은 교육 부서뿐만 아니라 성인들 역시 부서의 개념이 없다. 모든 세대가 같이 예배드리고 함께 활동한다.

오륜교회의 형태는 가정 구비 사역 모델에 가깝다. 연령별로 부서를 두고 각자의 프로그램을 준비한다. 하지만 교육 내용과 활동에 있어서 전 세대를 하나로 묶고 부모가 신앙 훈련의 책임자가 될 수 있도록 지지한다. 우리는 이런 교육 모델을 '가정이 주도하는 사역'(Family Driven Ministry)이라고 부른다.

1. 원 포인트 통합교육의 장점과 단점은 무엇이라고 생각하는가?

2. 내가 섬기는 부서의 교육 목표는 무엇이며, 그것을 이루기 위해서 무엇을 하고 있는가?

3. 지금 맡고 있는 부서의 최근 2년간의 커리큘럼을 정리해 보자. 어떤 성경 본문을 어떤 주제로 교육했는가? 더 보충해야겠다고 생각되는 부분이 있는가?

4. 기독교 교육을 함께하는 교역자, 교사, 부모로서 학생들에게 더 가르쳐주고 싶은 부분이 있다면 무엇인가?

5. 가정 친화적인 교육을 위해서 교회와 교사는 무엇을 할 수 있을까?

6. 전 세대가 하나의 말씀으로 한 주간을 살아갈 때 어떤 변화들이 일어날 것 같은가?

7. 원 포인트 통합교육을 더 구체화하기 위한 아이디어가 있는가?

무엇을 가르칠 것인가?

1
홈 빌딩 사역

정말 잘 키울 줄 알았다. 자녀가 태어나면 정말 좋은 아빠가 될 줄 알았다. 하지만 시간이 지날수록 아이들에게 점점 더 미안해진다. 그래도 아빠라고 좋아해 주고 따라와 주는 아이들을 볼 때 고마울 뿐이다. 언젠가 신문에서 만화를 보았는데 정말 인상 깊었다. 아들이 아빠에게 질문한다. "아빠, 시간 있어요?" 함께 놀아 달라는 것이다. 그런데 아빠는 무심코 "응" 하고는 보던 신문을 계속 보고 있다. 그리고 저녁에 시계를 사다 준다. 그때 아이의 황당한 얼굴…. 나의 자녀를 통해서도 종종 보았던 얼굴 같아서 마음이 아팠다.

그렇다. 부모 역시 부족하다. 부모 역시 성장해야 한다. 자녀는 부모를 통해 성장하기 때문에 부모는 자녀를 위해서라도 성장해 가야 한다. 자녀가 부모라는 산을 넘어 더 높은 곳을 바라볼 수 있도록 부모는 계속 성장해야 한다. 다음세대 사역의 현장에 있으면서 날마다 부딪히는 한계를 만난다. 그리고 그 지점에 꼭 부모가 있었다.

생각해 보면 부모 역시 교육이 필요한데 교육을 해 주는 곳이 없다. 교육은 고등학교까지 집중되어 있다. 길어야 20년이다. 100세 시대를 살아가는 지금의 기준으로 보아도 별다른 교육 없이 80년을 살아야 한다. 과연 어른으로 살아간다는 것이 별다른 교육 없이도 넉넉히 살아갈 만하던가? 살면서 느끼는 것이지만 학교 다닐 때의 고통과 학교 졸업한 후의 고통은 비교할 수가 없다. 두 사람이 서로 사랑해서 헤어지면 죽을 것 같아 결혼했는데, 결혼 후에는 죽지 못해 살아가는 부부들이 많다. 화성에서 온 남자, 금성에서 온 여자처럼 부부는 서로 외계인이다. 보통 30년 정도 서로 다른 행성에서 살다가 만난 외계인 같은 사이다. 서로의 언어, 문화, 가치관을 배워 가야 한다. 얼마나 배울 것이 많은지 부부 관계를 '배우자'라고 부르지 않는가!

오륜교회의 홈 빌딩(Home Building) 사역은 그렇게 시작되었다. 건강한 가정, 행복한 부부를 세우기 위한 목적으로 홈 빌딩 사역을 진행했다. 하나님의 원리대로 가정을 세우고 부부를 일으켜야 가정이 건강할 수 있다고 믿었다.

홈 빌딩 사역의 전체 구성을 다음과 같이 조직했다.

홈 빌딩 사역

○ 결혼 준비를 하는 '연지곤지'와 신혼부부를 위한 '참깨 교실'

연지곤지

결혼을 준비하는 모임을 '연지곤지'라고 부른다. 연지곤지를 찍으며 결혼식을 올리는 모습은 상상만 해도 설렌다. 연지곤지는 결혼 날짜를 잡은 예비부부들을 위한 모임이다. 결혼식을 위한 준비에서부터 결혼 생활을 위한 실제적인 준비를 하는 모임이다.

>>> 교육 과정
1주. 성경적 결혼 원리

2주. 에니어그램을 통한 자아 성찰 및 관계 회복

3주. 재정 관리 & 건강한 성생활

4주. 시댁과의 아름다운 관계 & 프러포즈 & 수료식

참깨 교실

결혼 5년 차 미만의 신혼부부를 위한 모임을 '참깨 교실'이라고 부른다. 말 그대로 고소한 깨소금 맛나는 가정을 이루기 위한 목적을 지닌다. 신혼 시기는 연애 시절의 뜨거움이 사라지면서 서서히 갈등이 시작되는 시기다. 이때 말씀을 중심으로 서로의 관계를 리모델링하는 모임이 참깨 교실이다.

>>> 교육 과정

1주. 대화와 배려

2주. Prepare Enrich

3주. 초보 부모의 지혜

4주. 성경적 재정 관리

5주. 친밀한 성의 지혜

6주. 시댁, 처가의 지혜 & 수료식

※ 6개월간의 소그룹 모임

7부 무엇을 가르칠 것인가?

○ 자녀 양육을 위한 '꿈지락'과 '아기 학교'

꿈지락

임신했다는 것을 아는 순간, 드라마에서 보듯이 기뻐할 수만은 없는 것이 현실이다. 기쁨도 크지만 불안과 염려 역시 그에 못지않다. 임신과 함께 신체적인 변화, 심리적인 변화, 관계적인 변화가 한꺼번에 일어난다. 꿈지락은 이런 면에서 큰 도움이 되는 태아 교실이다. 꿈지락은 꿈, 지혜, 기쁨을 의미하는 단어의 조합으로 아이가 엄마 배 속에서 건강하게 꿈지락거리는 모습을 연상하게 한다.

>>> 교육 과정

1주. 찬양 태교

2주. 성경적 태교와 현대인의 태교

3주. Good enough mother

4주. 모유 수유 법

5주. All That 출산

6주. 신앙 플래닝 & 수료식

아기 학교

많은 심리학자와 상담학자가 4세 이하의 시기를 인격 형성의 결정적인 시기로 본다. 이때 주된 양육자와 맺은 인격적 관계 형성의 패턴이 한 아이의 대인관계 패턴에 지대한 영향을 미친다. 그러므로 이 시기에 아이는 부모와 양질의 시간을 보내야 한다. '아기 학교'는 특별히 아이의 성품이 하나님의 형상을 닮을 수 있도록 교육한다. 아이가 부모님과 함께 활동하면서 말씀과 삶을 연결하고 지혜와 키가 자라도록 돕고 있다. 상황에 따라 커리큘럼을 변경하고 진행하고 있다.

>>> 교육 과정

1주. 감사할 사람을 찾아봐요

2주. 동물을 통해 감사를 배워요

3주. 감사를 말로 표현해요

4주. 감사를 행동으로 표현해요

5주. 감사한 얼굴을 만들어요

6주. 감사 어린이가 되기로 결심해요 & 수료식

○ 행복한 부부를 위한 '울타리 아빠 학교', '꿈맘 스쿨', '부부 행복 학교'

울타리 아빠 학교

'울타리 아빠 학교'는 아버지들이 다시금 가정의 든든한 울타리가 되도록 도와주는 과정이다. 많은 아버지가 마음은 그렇지 않은데 가정 문제의 원인 제공자가 되곤 한다. 울타리 아빠 학교는 아버지의 이미지를 원인 제공자에서 축복의 근원자로 변화시키고자 한다. 아버지를 중심으로 온 가족이 함께 건강하게 세워지도록 교육하고 있다.

>>> 교육 과정

1주. 아빠의 정체성

2주. 아빠의 내면

3주. 아빠의 외면

4주. 아빠의 자녀 양육

5주. 아빠의 교육

6주. 아빠의 기도

7주. 수료식

꿈맘 스쿨

'꿈맘 스쿨'은 여성 본연으로서의 여성성을 회복하는 데 목적을 둔다. 하나님이 창조하신 그대로의 여성을 회복하는 것이 가장 우선 이다. 여성으로서 자아 형성, 회복, 치유를 위한 모임을 갖는다. 그리 고 그 힘을 가지고 양육자로서의 엄마, 동역자로서의 배우자의 역할 을 잘 감당할 수 있도록 전인격적인 지원을 하고 있다.

>>> 교육 과정

1주. 하나님 앞으로

2주. 진정한 나를 찾아서

3주. 영혼의 동반자 남편 세우기

4주. 자녀 교육 1: 원론

5주. 자녀 교육 2: 경계선 세우기

6주. 자녀 교육 3: 성경적 자녀 교육

7주. 어머니의 기도와 영적 전쟁

8주. 수료식

부부 행복 학교

'부부 행복 학교'는 치유, 상담, 강의를 통해 부부 간의 갈등을 해결하고 친밀감을 증진시켜 부부간의 행복을 풍성하게 하는 데 목적을 둔다. 각 분야의 전문가를 통해 강의를 듣고, 조별 토론을 통해 부부간의 생각을 조율한다. 특별히 1박 2일 수련회를 통해서 서로를 더 많이 이해하며 치유와 회복을 경험하도록 한다.

>>> 교육 과정

1주. 부부, 서로 다름을 이해하기

2주. 정서적 부부 치료

3주. 성경적 결혼 원리

4주. 부부, 아름다운 성

5주. 부부 갈등 해결

6주. 부부 친밀감/간증 & 수료식

2
가정 예배 세미나

One
Point

교회 같은 가정, 가정 같은 교회는 꿈같은 이야기일까? 쉽지는 않겠지만 충분히 도전해 볼 만한 가치가 있는 일이다. 꿈미 사역을 하면서 하루도 빼먹지 않고 생각한 것은 가정 예배에 대한 부분이었다.

'어떻게 하면 가정 예배를 활성화할 수 있을까?'
'어떻게 하면 행복한 가정 예배를 드릴 수 있을까?'
'어떻게 하면 모든 가족이 주도적으로 참여하는 가정 예배를 드릴
수 있을까?'
'어떻게 하면 기다려지는 가족 예배를 만들 수 있을까?'

가정과 교회를 연결하는 교육, 부모와 교사가 만나는 교육, 신앙과 삶이 연결되는 교육의 중요한 장으로서 가정 예배를 생각했기 때문이다. 가정에서 예배를 정기적으로 드리기 위해서는 선행되어야

할 과제들이 많다. 첫째는, 부모의 영적인 권위가 서 있어야 한다. 그래야 부모는 자신 있게 예배를 인도할 수 있고 아이는 부모가 인도하는 가정 예배에 참여한다. 둘째는, 예배 인도자로서의 부모의 철저한 준비가 있어야 한다. 아무리 짧은 예배라 할지라도 예배를 드리기 위해서는 사전에 철저한 준비가 필요하다. 가정 예배 역시 마찬가지다. 가정에서 드리는 예배이기에 자칫 산만할 수 있어서 더욱 철저하게 준비해야 한다. 셋째는, 가족 간의 소통이 원활해야 한다. 예배는 소통의 시간이다. 가정 예배를 통해서도 하나님과의 소통과 가족 간의 소통이 이루어져야 한다. 특별히 가정 예배는 가족 간의 소통을 위한 최적의 시간이다. 하나님 안에서 가족의 모든 일상을 소통할 수 있는 시간이어야 한다.

그러므로 가정 예배를 주기적으로 드린다는 것은 이미 건강하고 행복한 가정이라고 말할 수 있다. 가정 예배를 통해서 무엇인가를 이루겠다는 것보다는 가정 예배에 모이는 것 자체가 이미 건강한 가정이라는 지표가 된다. 가족 간에 시간을 정하고 한 공간 안에 모인다는 것 자체가 건강한 가정의 조건이다. 생각해 보면 가족 간에 일정한 시간을 정하고 모인다는 것이 쉬운 일인가? 함께 저녁 식사를 하기도 힘든 세상 속에서 일주일에 한 번이라도 시간을 정해 놓고 온 가족이 모이기 위해서는 그 시간을 그만큼 소중하게 생각하지 않으면 쉽지 않은 일이다.

그런데 안타까운 것은, 한국 교회는 타민족에게 복음을 전하는 데는 성공했지만 자신의 자녀에게 복음을 전하는 데는 실패했다. 대부분의 가정에서 다양한 이유로 가정 예배를 드리지 못하고 있다.

"시간을 맞추기 힘들다."
"하나님을 안 믿는 가족이 있다."
"부담스럽다."
"가정 예배에 대한 필요성을 잘 못 느낀다."
"다음에 하려고 한다."
"가정 예배를 어떻게 드려야 할지 모르겠다."

이유는 다양하다. 하지만 가정 예배를 못 드리는 혹은 안 드리는 수백 가지의 이유보다 중요한 것은 가정 예배를 드려야 하는 단 한 가지의 이유다. 그 한 가지 이유 때문에라도 가정 예배는 드려져야 한다. 하나님이 가정을 만드셨고, 예배는 가정에서 시작되었다. 성경을 창세기부터 천천히 읽어 보자. 예배는 모두 가정에서부터 시작되었다. 가정의 첫 번째 역할은 예배 공동체이고, 부모의 첫 번째 역할은 영적 제사장이다. 가정의 첫 자리가 흔들리면 다 흔들리는 것이다. 가정 예배는 선택이 아니라 필수다. 드릴 것인가 말 것인가를 가지고 고민할 것이 아니라 어떻게 잘 드릴 것인가를 가지고 고민해야 한다. 앞서 오륜교회는 가정 예배를 '식탁 교제'라고 부른다. 가정 예배에 대한 부담감은 줄여 주고 가정 예배에서 감당해야 할 교제의 부분을 강조하기 위함이다. 가정 예배 본문은 원 포인트 통합교육 커리큘럼에 의해서 주일에 함께 나눈 말씀을 가정 예배 형식에 맞춘 것이다. 원 포인트 통합교육에 따라 가정 예배를 드리다 보니 가정 예배에 대한 좋은 효과들을 보게 되었다.

첫째, 예배 인도자의 부담이 줄어든다. 새로운 본문으로 말씀을 준비하는 것이 아니라 이미 예배를 드렸던 본문으로 예배를 드리므로 예배 인도자는 예배 인도에 대한 부담이 줄어든다.

둘째, 참여자의 참여도가 높아진다. 전통적인 가정 예배는 한 사람이 말하고 다른 사람은 듣는 시간이었다. 때로는 예배를 가장해서 자녀들이 혼나는 시간이기도 했다. 하지만 원 포인트 통합교육에 의해 가정 예배를 드리니 보다 자녀들이 적극적으로 예배 안으로 들어오게 되었다.

셋째, 설교 중심이 아닌 나눔 중심의 예배가 된다. 가정 예배를 식탁 교제라고 부르는 이유는 나눔과 소통을 강조하기 위해서다. 가족의 모든 구성원은 주일에 예배를 드리고 공과 공부를 통해 이미 각자의 소그룹에서 나눈 말씀을 가정 예배 안에서 다시 한번 가족과 나누게 된다. 이때의 나눔은 서로의 깊은 생각과 감정을 들을 수 있는 좋은 시간이다. 말씀을 중심으로 서로의 생각과 감정을 나눌 때 가족은 가족 이상의 하나 됨을 경험한다.

넷째, 주일의 말씀을 삶 속에서 적용하게 된다. 바쁜 현대 사회 속에서 살다 보면 그렇게 은혜를 받은 주일 말씀도 잘 기억에 남지 않는다. 하지만 가정 예배를 통해 말씀을 삶 속에 적용할 부분을 나누다 보면 말씀이 주는 감동을 다시 한번 경험하게 된다. 그리고 가정은 나의 모습을 숨길 수가 없는 공간이다. 가족과 함께 말씀에 대한 실천 사항을 나누면 더욱 적극적으로 말씀대로 살기 위한 자극을 받게 된다.

가정 예배는 회복의 시간이다. 가정 예배는 축복의 시간이다. 가정 예배는 가정이 하나 되는 시간이다. 모든 부모는 이 시간을 그 어떤 시간보다 귀하게 여겨야 한다. 가정은 사람의 삶에 의미와 가치를 부여하는 곳이다. 가정을 지키는 것은 지구를 지키는 것만큼이나 중요한 일이다. 그리고 가정은 오직 부모만이 지킬 수 있다.

오륜교회는 가정 예배의 활성화를 위해서 매 학기 다양한 형태의 교육과 세미나, 캠페인을 벌였다. 처음에 시작할 때는 별다른 호응이 없었으나 시간이 지나면서 많은 분들이 동참하게 되었다. 가정 예배에 대한 중요성을 인식하고, 가정 예배에 대한 두려움을 극복하고, 가정 예배를 통해서 회복을 경험하는 가정들이 많아졌다. 그 결과 가정 예배 참여율이 다음과 같이 성장하게 되었다.

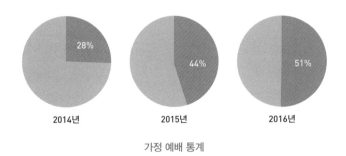

가정 예배 통계

전체 교인을 대상으로 조사할 수 없어서 오륜교회 교육부에서 예배를 드리는 학생들을 대상으로 조사했다. 학생들의 가정에서 얼마나 가정 예배를 드리고 있는지를 조사한 것이다. 처음 원 포인트 통합교육을 실시했던 2014년에는 28퍼센트의 가정에서 일주일에 한 번 이상 가정 예배를 드리고 있었다. 2015년에는 44퍼센트로 성장했다. 2016년에는 51퍼센트로 참여율이 높아졌다. 오륜교회에 나오는 아이들 중에 부모가 교회를 다니지 않거나 다른 교회를 다니고 있어서 가정 예배를 드리고 싶어도 드리지 못하는 아이가 30퍼센트 정도다. 2016년의 결과를 오륜교회에 부모와 함께 다니는 아이들을 대상으로 계산해 보면 81퍼센트의 가정에서 가정 예배를 드리는 것이다.

교회에서 동일한 비전을 선포하고 그 비전을 이루기 위한 실제적인 전략을 지속 반복적으로 행할 때 놀라운 결과를 얻을 수 있었다. 오륜교회는 여기서 멈추지 않고 더욱더 참여하고 싶은 가정 예배를 드리기 위해서 노력하고 있다.

○ **가정 예배 주의 사항**

1) 일단 멈추라

가정 예배를 위해 가장 중요한 것은 하던 일들을 일단 멈추는 것이다. 복잡하게 생각하지 말자. 일단 하던 일을 멈추고 모이자. 예배는 일단 멈추는 것이다. 그래서 안식이라고 불렀고, 안식일의 어원의 의미가 '멈춤'이다. 가정 예배는 일단 멈춤이다. '바쁘다', '시간이 없다'는 핑계 역시 일단 멈추자. 그리고 모여 예배를 드리자. 그 작은 멈춤이 가족이 함께 먼 길을 가게 해 줄 것이다.

2) 내용보다 분위기가 중요하다

가정 예배는 예배 중에 전달하는 메시지보다 메시지를 전하는 분위기가 중요하다. 예배 인도자는 준비한 내용을 다 전해야 한다는 강박을 지니지 않아도 된다. 강압적인 분위기에서는 마음을 열 수가 없다. 가정 예배는 참여하고 싶은 마음이 드는 시간이어야 한다. 축복의 언어를 사용하자. 사랑의 언어를 사용하자. 분위기를 위해서 향이 좋은 향초를 켜 두는 것도 좋다.

3) 제2외국어를 익히라

외국으로 여행을 할 때 가장 불편한 것은 언어다. 언어가 다른 지역으로 여행을 가면 모든 것이 불편하다. 언어의 차이는 단지 언어만의 차이가 아니라 문화의 차이다. 언어는 문화를 담고 있기 때문이다. 그러므로 다른 나라로 여행을 자유롭게 하기 위해서는 언어를 익혀야 한다. 가족 간의 소통을 위해서는 반드시 그들의 언어를 익혀야 한다. 부모들이여, 자녀들의 삶 속으로 들어가고 싶은가? 그렇다면 먼저 자녀의 언어를 배워야 한다.

가정 예배 서약서

나는 가정의 영적 제사장으로서,
하나님이 나에게 부여하신 사명을 따라
가정 예배의 회복과 신앙의 세대 계승을 위해
가정 예배를 시작할 것을 하나님 앞에서 서약합니다.

• 가정 예배 요일:

• 가정 예배 시간:

• 가정 예배 장소:

• 가정 예배 예배자:

년   월   일

서약자: (인)

3
교사 대학

대학 시절 어느 토요일 밤, 나는 학과 친구들과 함께 술잔을 기울이고 있었다. 대학에 입학한 후 술을 마시지 않는다는 이유로 받은 압박이 매우 컸기 때문에 나는 친구들의 비위를 맞추기 위해 술잔을 들었다. 반쯤 취해서 집으로 돌아가다 문득 다음 날 교회 학교 분반 공부를 위해 공과를 준비해야 한다는 생각이 들었다. 그때 나는 주일학교 교사였다.

불현듯 내가 맡은 반 아이들의 얼굴이 떠올랐다. 그 아이들이 지금 나를 보는 것 같다는 생각이 들자 부끄러웠다. 그러자 하나님이 내 마음에 이렇게 말씀하시는 것 같았다.

"너는 그 아이들 앞에서만 부끄럽고 내 앞에서는 부끄럽지 않니?"

그랬다. 나는 주위를 의식하고 주변 사람들이 나를 어떻게 보느냐에만 관심을 가지고 있었지, 내 앞에서 나를 보고 계시는 하나님을 인정하고 있지 않았다. 집으로 돌아가는 길에 울면서 하나님께 죄송하다고 말씀드렸다.

_이용규, 「같이 걷기」(규장)

이용규 선교사님의 솔직한 고백이다. 대학 시절 교회 학교 교사였던 청년 이용규는 교사라면 한 번쯤 다 해 보는 그런 생각, 그런 뉘우침을 갖게 된다. 교사로서 부족한 자신의 모습으로 인해 아이들과 하나님에게 드는 미안한 마음 말이다. 그런 고민을 하지 않은 교사가 어디 있겠는가! 교사들은 늘 부족함을 느낀다. 늘 미안한 마음뿐이다. '나 아닌 다른 사람이 아이들의 교사가 되었다면 더 좋은 교육을 받지 않았을까?', '내가 그만두는 것이 아이들과 하나님을 위해서도 옳은 것이 아닐까?'라는 교사로서의 깊은 고민을 다 하게 된다. 하지만 청년 이용규가 모든 것을 내려놓고 복음을 전하는 사역을 감당하는 선교사로 성장했듯이 이 책을 읽고 있는 당신도, 책을 쓰고 있는 나 역시도 성장할 것을 믿는다.

교사들은 사역에 대해 늘 2퍼센트 부족한 마음을 가지고 있다.

"아이들이 나를 좋아할까?"

"아이들이 나에게 가르침을 받고 싶어 할까?"

"아이들이 나를 좋은 교사로 생각하고 있을까?"

"나는 과연 하나님 보시기에 합당한 교사인가?"

"나는 최선을 다해 수업을 준비하며 아이들을 가르치고 있는가?"

"성경에 대해서 나도 잘 모르는데 어떻게 잘 가르칠 수 있을까?"

"나는 정말 아이들을 사랑하는 선한 목자인가?"

"나는 더 성장해야 하는데 어떻게 성장할 수 있을까?"

"아이들의 부모님들과는 어떻게 관계를 맺어야 할까?"

"아이들의 삶과 신앙에 문제가 보이는데 어떻게 해야 할까?"

"훈계는 어떻게 해야 할까?"

그동안 교사들과 만나면서 들었던 고민 중 일부분이다. 이런 고민들을 토로하는 교사들은 사역을 대충하는 분들이 아니다. 부서에서 다들 최선을 다하고 있다. 하지만 사랑의 속성이 그러하듯이 진정한 사랑은 다 주고도 더 주지 못해서 미안한 법이다. 모든 것을 다 주고도 '내가 부족해서 이것밖에 주지 못해 미안해'라는 마음을 지닌 감정이 바로 사랑이다.

그러나 사랑이 클수록 상처도 깊은 법이다. 그래서 아이들을 사랑하는 교사들의 가슴에는 교사로서의 상처를 지니고 있다. 교회 교육의 현장에서 이런 상처를 지닌 교사들을 만나는 기쁨은 정말 크다. 아이들을 진심으로 사랑하는 교사들만이 가질 수 있는 흔적을 지녔기 때문이다. 하지만 상처는 영광스러워도 결코 덧나서는 안 된다. 상처 난 데 또 상처가 나지 않도록 교회가 도와주어야 한다. 교사들의 성장과 성숙을 도와야 한다.

다음세대 교육을 위해서 가장 먼저 정비해야 할 부분은 다음세대가 아니라 현세대라고 생각한다. 다음세대는 결국 현세대가 주는 자양분을 먹고 자라기 때문이다. 그러므로 교사 교육에 다음세대의 사활이 걸려 있다. 교회는 교사 교육에 최선의 노력을 다해야 한다. 교사들이 성장할 수 있도록 지원과 교육을 아끼지 말아야 한다. 하지만 교회마다 가장 부족한 것 중에 하나가 교사 교육이다. 교사들 이 양질의 교육을 받아야 양질의 교육을 할 수 있는데 교회 교육에서 교사 교육은 대부분 1년에 한 번 교사 부흥회 식으로 끝나고 있는 실정이다. 그러다 보니 뜨거운 열정을 지니고 지원한 교사도 2년이 채 안 되어 열기가 식어 버린 모습을 보곤 한다.

EBS에서 방영한 〈선생님이 달라졌어요〉란 프로그램을 종종 보았다. 보는 내내 충격이었다. 군사부일체로 학창 시절에 그렇게 강해 보였던 선생님들이 저런 아픔과 갈등을 지니고 있다는 사실만으로도 충격이었다. 교사들이 교실 문을 열기가 싫다고 하니 그런 마음으로 어떻게 교육이 가능할 수 있을까 싶다. 시대마다 아이들의 장래 희망의 선호도는 변한다. 하지만 시대가 변해도 장래 희망에 교사가 빠진 적은 없었다. 그만큼 교사는 다음세대들에게 선망의 대상이다. 그리고 수험생 중에 상위 5-10퍼센트 내외의 학생들이 교육대학을 지망한다. 가장 똑똑한 학생들이 교사로 지원하는 나라다. 그런데 정작 교사들이 느끼는 교사 효능감은 OECD 국가 가운데 가장 낮은 수준이다.

교회 학교 교사 역시 마찬가지다. 가장 열정적이고 헌신적이며 준비된 이들이 교사로 헌신한다. 교회의 엘리트다. 하지만 몇 년도 안 되어 탈진하고 연말만 되면 계속해야 하나 말아야 하나로 고민한다. 교사들만의 문제가 아니다. 우수한 교사들이 유능하게 사역할 수 있도록 교회적으로 교사 교육 시스템을 가지고 있어야 한다. 모든 교사를 다 충족시킬 만한 교육은 아닐지라도 주어진 여건 속에서 최선을 다해서 교사들의 성장을 도와야 한다.

꿈이있는미래의 교사 교육에는 총 두 가지 형태의 교육이 있다. 첫째는, 처음 교사를 신청하는 분들이 교육받는 '신입 교사 대학' 이다. 신입 교사 대학의 목적은 교육 철학과 목적, 방법을 교육하는 것이다. 교육을 할 때 '각자 자기 소견에 옳은 대로 행하는 것'이 아니라 교회의 교육 사명과 비전을 이루는 교육을 하도록 교육한다.

둘째는, '정규 교사 대학'으로 2년 4학기로 교사 교육을 진행하고 있다. 한 학기에 4주에 걸친 교육을 2년간 진행한다.

특별히 본 사역은 새롭게 재단장한 꿈미 디렉터스쿨과 함께 진행하고 있다. 새로운 꿈미 디렉터스쿨을 준비하며, 교육이란 하나님 나라의 모델하우스(Model House)를 지어 가는 과정이라고 생각하였다. 그래서 본 교육은 교육의 대상을 사역자와 교사로 나누어 준비하고, 교육의 과정은 2년 4학기로 기본적인 개념을 반복적으로 접하며, 점진적으로 심화되는 학습을 경험하게 하는 나선형 교육 과정(Spiral Curriculum)으로 준비하였다. 이것이 바로 사역자 교육 과정 CCED(COOMMI Christian Education for Director)와 교사 교육 과정 CCET(COOMMI Christian Education for Teacher)이다. 꿈이있는미래는 이와 같은 사역을 통해, 다양한 지역과 상황의 교회가 손쉽게 교사 대학을 진행하고 사역자 교육을 제공받을 수 있도록 한국교회를 섬기고 있다.

1) 교사의 Head

교사 교육의 첫 번째 목적은 성경으로 무장하기 위함이다. 한 기관에서 아이들을 대상으로 조사를 했다고 한다. "교회에서 가장 하기 싫어하는 활동은 무엇인가?" 이 질문에 다들 짐작하듯이 1위가 설교이고, 2위가 공과 공부로 나왔다. 어떻게 보면 당연한 결과일 수 있지만, 생각해 보면 교회에 와서 설교와 공과 공부를 하지 않으면 무엇을 한단 말인가? 교회의 가장 핵심적인 사역을 아이들이 지겨워하고 있다.

그런데 과연 아이들이 설교와 공과 공부 시간을 싫어할까? 곧이어 다음 질문을 했다. "가장 좋아하는 선생님은 어떤 선생님인가?" 예상 외로 1위는 말씀을 잘 가르쳐 주는 선생님이었다. 재미있는 선생님, 놀아 주는 선생님, 맛있는 것 사 주는 선생님, 공과 공부 빼먹는 선생님이 아니라 말씀을 잘 가르쳐 주는 선생님이 1등이다. 이 두 가지 질문을 연결하면 다음과 같은 결론이 나온다. 아이들은 교회에서 말씀을 듣기 원하는데 선생님들이 말씀을 가르칠 준비가 되지 않아 가장 지겨운 시간이 되고 있다.

이 문제가 어떻게 선생님들만의 문제겠는가. 결국 교회가 교사를 준비시키지 않은 것이다. 교회는 무엇보다 다음세대를 교육할 교사를 양성해야 한다. 그 준비의 최우선은 교사를 성경의 사람으로 만드는 것이다.

"모든 성경은 하나님의 감동으로 된 것으로 교훈과 책망과 바르

게 함과 의로 교육하기에 유익하니 이는 하나님의 사람으로 온전
하게 하며 모든 선한 일을 행할 능력을 갖추게 하려 함이라"(딤후
3:16-17).

2) 교사의 Heart

교육을 받으면 가슴이 뜨거워져야 한다. 가슴이 뜨거워지지 않
는 교사 교육은 휘발성 지식일 뿐이다. 교사의 가슴도 뜨겁게 하지
못하는 지식으로 어떻게 다음세대를 뜨겁게 할 수 있단 말인가!
불을 내기 위해서는 먼저 불을 내려고 하는 사람에게 불씨가 있어
야 한다.

> "나는 선한 목자라 나는 내 양을 알고 양도 나를 아는 것이 아버지
> 께서 나를 아시고 내가 아버지를 아는 것 같으니 나는 양을 위하여
> 목숨을 버리노라"(요 10:14-15).

나는 교회 안에서 성장하면서 "나는 다음세대에게 목숨을 걸었습
니다"라고 말하는 교사를 여럿 만났다. 그때는 그런 이야기를 들으
면 낯간지럽기도 했지만 지금은 그런 교사들이 너무나 그립다. 아르
바이트하듯 시간만 채우는 교사는 역시 아르바이트하듯 그 시간에
만 말 잘 듣는 다음세대를 기르게 된다. 누구나 생명을 건 사람은 알
아본다. 아무리 반응이 없는 다음세대라 할지라도 목숨을 건 사람은
구분할 수 있다. 나와 당신이 다음세대를 위해 목숨을 거는 그런 사

람이 되길 소망한다.

3) 교사의 Hand

교사의 손과 발은 부지런해야 한다. 하나의 생명이 자라기 위해서는 하나의 생명을 심어야 한다. 교사는 강의(Lecture)하는 사람이 아니라 돌보는(Care) 사람이다. 강의는 말만 전달하면 되지만 돌보는 일은 마음이 전달되어야 한다. 그리고 마음은 손과 발을 통해서 전달된다. 손과 발을 통하지 않고서는 마음이 전달될 수 없다.

> "내가 너희를 부끄럽게 하려고 이것을 쓰는 것이 아니라 오직 너희를 내 사랑하는 자녀같이 권하려 하는 것이라 그리스도 안에서 일만 스승이 있으되 아버지는 많지 아니하니 그리스도 예수 안에서 내가 복음으로써 너희를 낳았음이라"(고전 4:14-15).

교사는 아이들과 시간을 보내는 사람이다. 요즘 아이들은 사람과 시간을 보내지 않는다. 대부분의 여유 시간을 게임, 인터넷, 스마트폰 등을 하면서 기계와 보낸다. 기계와 접촉이 많을수록 사람은 기계처럼 차가워진다. 반면 사람과의 접촉이 많을수록 사람다워진다. 아무것도 하지 않아도 된다. 사실 아무것도 하려고 하지 않는 것이 더욱 좋다. 그냥 함께하는 것이다. 그냥 함께해도 어색하지 않고 편안한 사이, 그 사이가 교사와 학생이 그런 사이가 된다면 당신은 분명 최고의 교사일 것이다.

4
꿈미 교육 네트워크

가정은 교회를 필요로 하고, 교회는 가정을 필요로 한다. 부모는 교사를 필요로 하고, 교사는 부모를 필요로 한다. 서로는 서로에게 필요한 존재고 서로에게 영향을 미친다. 마찬가지로 교회는 또 다른 교회를 필요로 한다. 어느 교회든 완벽한 교회는 없다. 부족한 사람이 모여 이룬 교회이니 교회는 부족하기 마련이다. 그러나 부족하지만 모든 교회는 배울 만한 장점들을 지니고 있다. 꿈미 사역을 하면서 누리는 가장 큰 복 중에 하나는 다양한 교회를 방문하면서 많은 것을 배울 수 있다는 것이다. 교회의 크기와 상관없이 개 교회에 맞게, 지역 사회에 맞게 다양한 방법으로 다음세대를 섬기는 교회들을 볼 때마다 이를 함께 나누고 싶은 마음이 컸다. 한 교회와 기관에서 만든 교재와 교육 방법보다 서로의 생각과 열정을 합친 것이 더욱 가치가 크다. 꿈미는 다음세대를 향한 공통의 마음을 가진 교회 들의 모임을 꿈미 네트워크(Network)라고 한다.

꿈미 네트워크는 원 포인트 통합교육에 대한 비전을 가진 교회들의 모임이다. 다음세대의 부흥을 위한 다양한 전략이 있지만 꿈미 네트워크는 원 포인트 통합교육을 통한 세대 통합에 비전을 지닌 교회들의 모임이다. 원 포인트 통합교육이란 6부에서 논의한 바와 같이 다양한 형식이 존재한다. 하나의 형식이 모든 교육적 환경에 맞을 수는 없다. 개 교회의 상황과 여건에 따라 다양한 적용 방법이 있을 것이다. 적용 방법은 다양하겠지만 세대 통합에 대한 비전을 지닌 교회들의 모임이 꿈미 네트워크다.

핵심 사역 및 사역 현황

꿈미 철학에 동참하고 공유하기를 원하는 교회들은 '꿈미 교회'라는 이름으로 네트워크를 형성하게 된다. 같은 지역 안에 모인 교회들은 정기적인 모임을 통해 지역 내 다음세대에 대한 비전과 문제점을 공유하고 이를 해결하기 위해 대안 제시 및 기도로 연합한다. 지역별 모임을 통해 사역 현장의 고민을 진솔하게 나누고 기도하는 네트워크 사역을 통해 다음세대 사역을 위한 동력을 제공하고 있다. 꿈미는 자리를 마련하고 지역 교회 다음세대 담당 목회자들이 자발적으로 진행할 수 있도록 돕고 있다. 비록 바쁜 목회 일정 때문에 많은 수가 모이지는 못하지만 소수일지라도 각 지역의 다음세대를 위해 기도하는 목사님들을 뵐 때마다 하나님이 얼마나 기뻐하실까 생각한다.

7부 무엇을 가르칠 것인가?

1) 권역별 정기 모임

꿈미 철학에 동참하는 교회는 전국 10개 권역 안에 약 6,000여 교회가 있다. 각 교회는 지역별로 연합하게 되며, 지역장을 중심으로 정기적인 모임을 갖는다. 지역 안에는 '다음세대 지원부 간사'가 배정되어 꿈미 교육 활용의 어려움 및 개인적인 기도 제목 등을 접수받고 이를 적극적으로 반영한다.

지역별 정기 모임에는 예배, 찬양, 교사 대학, 특별 강의, 세미나 등의 지원을 하고 있으며, 이를 통해 지역 목회자 및 교사, 학생들에게 힘을 실어 주고 있다. 또한 꿈미 철학을 근거로 한 '꿈미 교재' 적용 방안에 대해 함께 공유하고 있으며, 지역별, 교회별 상황과 여건에 맞게 '컨설팅' 지원을 제공하고 있다.

>>> 꿈미 컨설팅 신청 방법

: 꿈미 홈페이지(www.coommi.org) → 네트워크 → 컨설팅에서 신청
: 담당자가 직접 연락해서 일정을 조율한 후, 각 교회 또는 권역별로 강사를 파견한다.

2) 미자립 교회 교재 지원

꿈미 교재를 적극 활용하고 이를 적용하기 원하지만 경제적, 환경적 여건으로 인해 어려움을 겪는 미자립 교회들이 있다. 꿈미 네트워크에서는 이러한 교회들을 대상으로 후원하고 있다. 바라기는 더욱 많은 교회를 섬기길 원하지만 역시 비용 문제가 크다. 더욱 많은

교회를 섬기는 꿈미가 되길 원한다. 선정된 교회는 매달 꿈미에서 만드는 교재, 사역, 교육 콘텐츠를 제공받게 되며, 이를 통해 영아부부터 장년부까지 모든 세대가 하나의 메시지로 세워져 갈 수 있도록 실질적인 도움을 받게 된다.

3) 꿈미 콘퍼런스

꿈미는 다음세대를 향한 끊임없는 연구와 고민을 하고 있다. 격변하는 사회 속에서 다음세대를 향한 확고한 비전과 대안 제시가 필요하다. 꿈미는 연 1회 꿈미 콘퍼런스를 통해 새로운 대안을 제시하고 있다. 1년간의 꿈미 사역에 대한 전반적인 브리핑과 새로운 대안을 제시하고 있다. 또한 꿈미 교재, 커리큘럼 등에 대한 자세한 소개와 사역 현장의 생생한 간증 그리고 다음세대의 부흥을 사모하는 사역자들 간의 만남을 통해 사역의 실제적인 필요를 채우게 된다. 꿈미 교육뿐만 아니라 현시대에 맞는 대안적 교육을 위한 강사를 초청해서 교육 방법론을 배우는 시간을 갖는다. 매회 때마다 1,000여 명의 기독교 교육 관련자들이 모여 도전받는 시간을 가진다.

4) 꿈미 캠프

방학 기간에 진행되는 캠프 사역은 다음세대 사역 중에 매우 큰 비중을 차지한다. 아이들이 교회에서 1년에 보내는 시간이 52시간 정도인데, 캠프는 보통 2박 3일 동안 진행되기 때문에 1년의 교육 기간을 초과하는 시간 동안 함께할 수 있는, 놓칠 수 없는 소중한 시간이다. 그런데 안타까운 것은, 이제는 자체 수련회를 하는 교회들을 찾아보기 힘들다는 것이다. 보통 대형 캠프에 아이들을 보내는 것으로 캠프를 대신한다. 재정적, 인적, 공간적 한계로 인해서 자체 캠프가 힘들다는 것을 잘 알고 있지만 그래도 아쉬움이 크다. 꿈미에서는 미자립 교회, 농어촌 교회들을 우선으로 해서 자체적으로 캠프를 진행하기 힘든 교회들과 연합 캠프를 진행한다. 강의식 캠프에서 벗어나 말씀 중심의 캠프를 진행한다. 성경에서 다음세대에 맞게 주제를 선정해서 캠프 교재와 음반을 만든다. 낮에는 공동체 강화를 위한 다양한 활동을 통해서 하나님 안에서 하나 됨을 경험하게 하며, 저녁에는 깊이 있는 말씀과 뜨거운 기도회를 통해서 다음세대가 하나님과 만날 수 있도록 돕는다.

5) 가정 사역

꿈미는 가정의 회복을 꿈꾼다. 가정이 건강해야 다음세대가 건강할 수 있다. 가정의 회복을 위해서 꿈미는 권역별로 가정 사역을 지원하고 있다. 한국 사회의 가정이 힘들어지면서 개 교회의 가정 역시 많은 상처를 안고 있다. 상처는 깊어지고 있는데 상처를 어떻게 치료해야 할지를 몰라 이중적인 고통을 받고 있다. 가정의 여러 가지 문제를 교회의 목회자에게 말하고 상담을 받기도 상황이 여의치 않다. 상담을 공부하면서 강의 첫 시간에 들었던 말은 '목회자는 자신의 교인들을 상담하지 말라'는 것이었다. 충격이었다. 상담하지 않을 것 같으면 왜 상담을 공부하는가? 이해되지 않았다. 하지만 공부를 하면 할수록 그 이유를 명확히 알게 되었다. '이중 관계'에서 오는 상담의 장벽이 크기 때문이었다. 여러 가지 이유로 개 교회 목회자는 성도 한 사람 한 사람의 가정 문제에 깊게 개입하기가 어렵다. 꿈미 가정 사역부는 이런 교회와 가정을 돕기 위한 사역을 한다.

연지곤지(결혼 준비 학교)-참깨 교실(신혼부부)-꿈지락(태아 교실)-아기 학교-울타리 아빠 학교(아버지 학교)-꿈맘 스쿨(어머니 학교)-부부 행복 학교-상담 아카데미

생애 주기별 상담 사역 팀을 두고 권역별 요청이 있을 때 세미나를 진행하고 있다.

다음세대 지원부를 통해 현재 국내 6,000여 교회가 동참해서 꿈미 철학을 공유하고 있다. 또한 국내를 넘어 미국, 중국, 일본, 스웨덴, 체코 등 해외 지역 교회까지도 꿈미 철학을 공유하고 있다. 어느 지역 하나도 꿈미에서 먼저 계획하지 않았으나 하나님이 길을 열어 주셨다. 꿈미는 순종하는 마음으로 사역을 감당할 뿐이다. 바라기는 꿈미 네트워크에 보다 많은 교회들이 참여해서 서로의 열정과 사랑을 나누어 다음세대 교육 생태계에 의미 있는 변화를 일으키길 원한다.

5
꿈미 문화 사역부
- 꿈미 선교단

One
Point

꿈이있는미래에는 다음세대의 문화 사역 팀인 꿈미 선교단이 있다. 꿈미 선교단은 다음세대들이 꿈을 가지고 다양한 방면에서 자신의 미래를 펼칠 수 있는 기회를 제공하는 꿈미 문화 사역부다. 다음세대 사역에 있어서 문화 사역은 심장과도 같다. 아무리 교육적으로 좋은 자료라 할 지라도 그 시대 아이들의 문화 코드에 맞지 않는다면 아이들은 관심을 갖지 않는다. 다음세대 사역은 문화 사역이라고 해도 과언이 아닐 것이다. 다음세대 문화 사역 팀인 꿈미 선교단을 통해 다음세대들이 자신의 재능을 발견하고 실력을 키워 가며, 하나님 나라를 세우는 일에 쓰임 받을 수 있도록 돕고 있다. 꿈미 선교단은 꿈미 합창단과 꿈미 율동 댄스 팀으로 구성되어 있다.

꿈미 합창단

꿈미 합창단은 8세부터 13세까지의 초등학생 어린이들로 구성된다. 상반기와 하반기에 오디션을 거쳐 선발하고, 기초 과정부터 발성, 화음까지 전문적인 지휘자와 함께 훈련한다. 주요 사역은 다음과 같다.

>>> 주요 사역

요송(YO!SONG!)과 VBS 앨범 작업

꿈미 행사와 문화 행사 특별 공연

꿈미 율동 댄스 팀

꿈미 율동 댄스 팀은 6세부터 18세까지의 학생들을 상반기와 하반기에 오디션을 거쳐 선발하고, 율동과 댄스 팀으로 나누어 전문적인 강사에게 기초부터 배운다.

>>> 주요 사역

요송(YO!SONG!)과 VBS 율동 작업

꿈미 행사와 문화 행사 특별 공연

요송(YO! SONG!)

"이 율법책을 네 입에서 떠나지 말게 하며 주야로 그것을 묵상하여 그 안에 기록된 대로 다 지켜 행하라 그리하면 네 길이 평탄하게 될 것이며 네가 형통하리라"(수 1:8).

7부 무엇을 가르칠 것인가?

다음세대의 입술에서 하나님의 말씀이 떠나지 않는 것보다 더 큰 복이 있을까? 유대인들의 테필린 교육을 접한 후, 어린아이부터 어른에 이르기까지 시간과 장소를 가리지 않고 율법을 암송하는 유대인들을 보면서 큰 도전을 받았다. 우리 아이들의 입에서도 저렇게 끊임없이 말씀이 흘러나온다면 하나님이 얼마나 기뻐하실까 생각하니 가슴이 뛰었다.

　다음세대의 마음은 보이지 않는 영적 전쟁이 벌어지는 현장이다. 그들의 마음을 무엇이 먼저 점령하는지가 가장 중요한 전쟁의 내용이다. 세상의 문화가 우리 아이들의 마음을 선점하기 전에, 사탄이 주는 유혹들에 넘어지기 전에 그들의 마음에 하나님의 말씀이 채워진다면 소망이 있다고 확신한다. 하나님의 말씀은 살아 있기에 그들의 마음에서 역사할 것이 분명하기 때문이다. 예수님도 사탄의 공격을 하나님의 말씀으로 이기셨다는 것을 간과해서는 안 된다.

　하나님의 말씀은 우리가 다음세대에게 줄 수 있는 가장 강력한 무기다. 아이들이 하나님의 말씀을 잊어버리지 않고 외우고 있다면, 아무리 어린아이라 할지라도 말씀으로 승리할 수 있다.

　다음세대에게 말씀을 심고, 말씀으로 승리할 수 있게 하기 위해 요송을 만들었다. 찬양에는 강력한 힘이 있다. 성경을 보면 찬양을 통한 기적의 스토리를 쉽게 찾아볼 수 있다. 찬양은 영혼을 맑게 해줄 뿐만 아니라 영적 전쟁에서 승리하게 하고, 무엇보다 하나님에게 영광을 돌린다. 찬양으로 외운 것은 쉽게 잊어버리지 않는다. '예수님의 열두 제자를 말해 보라'고 하면 반사적으로 어릴 때 외웠던 노래를 흥얼거리게 된다. "베드로와 안드레, 야고보, 요한…." 이 노래를 배운 후 수십 년이 지났지만, 노래로 외운 이 내용은 잊히지 않는다. 그렇기에 하나님의 말씀을 노래로 외운다면 그 내용을 평생 잊어버리지 않을 것이라는 확신이 있었다.

꿈이있는미래 교재를 사용하는 오류교회는 매주 한 곡씩 노래로 말씀을 암송하는데, 가장 놀라운 것은 글씨를 모르는 미취학 어린이들이 말씀을 가장 잘 암송한다는 사실이다. 글씨도 읽을 줄 모르는 어린아이가 하나님의 말씀이 담긴 노래를 흥얼거리는 모습을 볼 때 내 마음도 이렇게 기쁜데 하나님의 마음은 어떠하실까 싶다. 오류교회는 전 부서가 성경 암송 대회를 1년에 몇 차례씩 진행한다. 1년이면 52개의 암송 구절이 있는데 보통 아이들이 40개 이상씩 말씀을 암송한다. 열심히 하는 아이는 45개 이상씩 암송하기도 한다. 물론 만점을 맞는 아이들도 많다. 예배를 드리기 전 찬양 시간에 요송을 부르다 보면 자연적으로 말씀을 암송하게 되는 것이다.

오류교회는 세대 통합교육과 가정을 세우는 사역을 하다 보니 가정 예배를 강조하게 되었다. 이때 가정 예배를 드리는 가정들이 호소하는 가장 많은 어려움은 '찬양'이었다. 부모와 어린 자녀들이 함께 부를 수 있는 찬양이 별로 없다는 것이다. 매번 같은 찬양만 반복하다 보니 어른들이 은혜를 못 받는다는 것이었다. 그런데 자녀들이 저학년인 가정에서 요송을 함께 부르면서 놀랍게도 어른들에게도 은혜를 끼치는 찬양이라는 것을 알게 되었다.

요송의 성경 구절은 꿈미의 9년 커리큘럼을 따른다. 그냥 좋은 말씀을 암송하는 것이 아니라 커리큘럼에 맞는 성경 구절을 암송한다. '시중에는 이미 널리 암송되는 많은 성경의 구절들이 있고, 말씀을 암송하는 것에 무슨 커리큘럼이 필요한가?'라고 생각할 수도 있겠지만, 요송이 꿈미의 커리큘럼을 따르는 것에는 특별한 유익이 있다.

널리 암송되는 성경 구절 중 몇몇은 문맥상 좋은 의미가 아님에도 불구하고 그 한 문장만을 떼어 놓았을 때 좋은 의미인 것으로 오해될 수 있기 때문에 말씀을 성경의 문맥과 분리하는 것은 상당히 위험하다. 또한 아무리 좋은 말씀이라도 그 의미를 깨닫지 못한 채로 암송하는 것은 절반의 은혜만을 경험할 뿐이다. 예배에서 주로 사용하는 개역개정 성경을 한 번 들려주었을 때, 어린아이들이 그 성경 구절이 담고 있는 내용을 얼마나 이해할 수 있을까? 요송은 꿈미 커리큘럼 본문의 말씀을 기반으로 암송 구절을 선택한다. 어린이들이 주일에 배운 말씀을 이해한 후, 그 말씀에서 중요한 부분을 암송하는 것이다. 그렇기에 요송에는 스토리가 있다.

요송 음반은 전문가들의 손길을 거쳐 매우 감각적이고 세련된 음악으로 제작된다. 그래서 상당한 제작비용이 소요되는 것도 사실이다. 요송은 변하지 않는 진리의 말씀을 이 시대에 적합한 아름다운 그릇에 담아 다음세대에게 제공하기 위해 많은 노력을 기울이고 있다. 시대적인 흐름을 따라가는 것처럼 보이지만, 요송은 하나님의 말씀을 변형하지 않는다. 미취학 어린이들에게 어렵다 할지라도 말씀을 그대로 암송하게 하며, 모든 요송은 말씀 주소와 아멘으로 마친다. 하나님의 말씀은 모든 세대에게 동일한 은혜를 끼치기 때문에, 요송의 영향력은 시대와 세대를 가리지 않는다.

1. 원 포인트 통합교육을 위한 교육 활동으로 어떤 것을 할 수 있을까?

2. 다음세대 교육을 위해서 무엇이든 다 할 수 있다면 가장 먼저 무엇을 하고 싶은가?

3. 부모로서 교회의 도움을 받는다면 어떤 도움을 받고 싶은가?

4. '가정 예배 서약서'(p.216)를 작성하고 가족 앞에서 서약서를 낭독해 보자.

5. 교사로서 더 배우고 싶은 분야가 있다면 어떤 것이 있을까?

6. 나의 교회를 넘어 다른 교회를 위해 교육 기부를 한다면 나는 어떤 것을 할 수 있을까?

7. 다음세대 문화를 만들기 위한 창의적인 아이디어가 있다면 무엇이 있을까?

One Point

책을 집필하면서 내가 지금 어디쯤 와 있는지를 확인할 수 있었다. 알고 있다고 생각했던 것들, 정리되었다고 생각했던 것들을 한 단어, 한 문장으로 표현하기가 힘들었다. 한 문장을 표현하기까지 몇 번이나 키보드의 Delete 버튼을 눌렀는지 모른다. 지금도 정확한 언어로 표현하기에는 아직 내 안에서 정리되지 않은 것이 있다. 하지만 어쩌랴, 이것이 나인 것을. 그저 겸손한 마음으로 책을 낼 뿐이다. 그러면서도 한없이 부끄럽다. 아직도 이 땅에는 척박한 교육 환경 속에서 다음세대를 가슴으로 품고 살아가는 교사들이 많다. 이런 분들에 비하면 나의 환경은 너무나 비옥하다. 나와 같은 조건이었다면 다른 분들은 더욱 귀한 열매를 맺었을 것이다. 그럼에도 불구하고 책을 내는 소박한 이유가 있다면 함께 교육 공동체를 만들기 원하는 마음 때문이다.

엘빈 토플러(Alvin Toffler)가 아프리카 한 원시 부족의 가상 미래 시나리오를 말한 적이 있다. 한 원시 부족이 강을 따라 살고 있었다. 그 강의 상류에는 거대한 댐이 지어지고 있었다. 그런데 원시 부족은 그것을 모른 채 강 하류에서 물고기 잡는 법, 카누 만드는 법, 농사 짓는 법을 계속 다음세대들에게 가르치고 있었다. 시간이 흘러 댐이 만들어졌다. 이 부족은 어떻게 되었을까? 흔적도 없이 사라졌다.

원시 부족은 강 상류에서 무슨 일이 벌어지고 있는지를 몰랐다. 그래서 다가오는 미래를 준비하지 못했다. 반면 우리는 알고 있다. 정확한 수치로 표현된 도표와 그래프로 우리의 미래가 어떻게 될지 마음만 먹으면 언제든지 볼 수 있다. 그렇다면 우리는 지금 무엇을 하고 있는가? 아직도 없어질 강가에서 물고기 잡는 법, 카누 타는 법을 가르치고 있는 것은 아닌가?

꿈이있는미래와 오륜교회에서는 다가오는 미래를 준비하는 방법으로 원 포인트 통합교육을 진행하고 있다. 이 방법론이 다음세대 교육을 생각할 때 가장 효과적이고 원리적인 방법이라고 생각하기 때문이다. 하지만 완벽하지는 않다. 더 연구해야 하고 발전해야 한다. 바라기는 이 책을 읽는 분들과 함께 그 일을 하기 원한다. 서로가 서로를 필요로 하고 함께할 때 진정한 교육 생태계를 만들 수 있을 것이라는 믿음이 있기 때문이다.

책을 정리하면서 많은 분들의 얼굴이 떠오른다. 이 책은 나 혼자 쓴 것이 아니다. 정확히 말하면 나는 단지 타이핑만 쳤을 뿐이다. 모든 것은 김은호 목사님의 권면과 지도로부터 시작되었다. 늘 한결같은 마음으로 믿어 주고 맡겨 주신 김은호 목사님께 진심으로 감사드린다. 젊은 날 함께 모여 다음세대를 위해 열정적인 사역을 감당하는 꿈미 사역자들에게 감사한다. 이분들의 수고에 어떤 말로 고마움을 표현해야 할지 아직도 잘 모르겠다. 지금도 원 포인트 통합교육 사역을 교육의 최전선에서 묵묵히 감당하는 교사 분들에게 감사한다. 교사들이 다음세대의 진정한 대안이다. 또한 글을 처음부터 마지막까지 꼼꼼히 읽고 문장을 다듬어 주신 조은진 집사님께 감사드린다. 마지막으로 가정과 교회를 연결하는 사역을 강조하지만 여전히 남편으로서, 아빠로서 부족한 나를 인정해 주고 품어 주는 사랑하는 아내와 두 딸에게 감사한다.

One Point

1 이상훈, 『Reform Church』, 교회성장연구소, 2017, p.7.

2 사이먼 사이넥, 『나는 왜 이 일을 하는가?』, 타임비즈, 2013, p.115.

3 ibid., p.117

4 John Calvin, "Commentary on Genesis 1", Grand Rapids: Christian Classics Ethereal Library, 1996, p.315.

5 티모시 폴 존스, 『가정 사역 패러다임 시프트』, 생명의말씀사, 2013, pp.11-12.

6 ibid., p.12.

7 김지영, 『다섯 가지 미래 교육 코드』, 소울하우스, 2017, p.16.

8 티모시 폴 존스, op. cit., p.45.

9 "가정", 『민중 엣센스 국어사전』, 민중서림, 2003.

10 조지 M. 쉐레어, 『신학과 기독교 교육』, 대한기독교교육협회, 1976, p.243.

11 정정숙, 『성경적 가정사역』, 베다니, 1994, p.82.

12 이숙경, 『신앙과 기독교교육』, 그리심, 2015, p.19.

13 스펜서 존슨, 『누가 내 치즈를 옮겼을까?』, 진명출판사, 2015, p.97.

14 엘머 타운즈, 『인물 중심의 종교교육사』, 대한예수교장로회총회교육부,

1984, p.343.

15   C. B. Eavey, "History of Christian Education", Chicago: Moody press, 1978, p.275.

16   박상진, "저출산, 고령화 시대의 교회교육", 〈기독교교육논총 제40집〉, 2014, p.87.

17   전풍자, "기독교 가정에서의 자녀교육", 〈교회교육〉, 1983, p.259.

18   파커 파머, 『가르침과 배움의 영성』, IVP, 2000, p.107.

19   전교조참교육실천위원회, 『학교 붕괴』, 푸른나무, 1999 , p.240.

20   김형종, 『테필린』, 솔로몬, 2013, p.168.

21   텐게 시로, 『살아갈 힘』, 오리진하우스, 2016, p.62.

22   이용규, 『같이 걷기』, 규장, 2014, p.10.

23   파커 파머, 『삶이 내게 말을 걸어올 때』, 한문화, 2015, p.22.

24   군디 가슐러, 프랑크 가슐러, 『내 아이를 위한 비폭력 대화』, 양철북, 2008, p.24.

25   ibid., p.144.

26   게리 켈러, 『원씽』, 비즈니스북스, 2013, p.23.

27   이용규, op. cit., pp.144-145.

참고 문헌

국내 도서

- 강영길, 『밥보다 예수』, 홍성사, 2014.

- 게리 켈러, 『원씽』, 비즈니스북스, 2013.

- 군디 가슐러, 프랑크 가슐러, 『내 아이를 위한 비폭력 대화』, 양철북, 2008.

- 김지영, 『다섯 가지 미래 교육 코드』, 소울하우스, 2017.

- 김형종, 『테필린』, 솔로몬, 2013.

- 레지 조이너, 『싱크 오렌지』, 디모데, 2011.

- 론 헌터, 『신6』, 디씩스코리아, 2016.

- 마틴 셀리그만, 『마틴 셀리그만의 긍정 심리학』, 물푸레, 2014.

- 미리엄 와이스타인, 〈가족식사의 힘〉, 한스미디어, 2006.

- 박상진, "저출산, 고령화 시대의 교회교육", 〈기독교교육논총 제40집〉, 2014.

- 보디 바우컴, 『가정아, 믿음의 심장이 되어라』, 미션월드라이브러리, 2008.

- 사이먼 사이넥, 『나는 왜 이 일을 하는가?』, 타임비즈, 2013.

- 새뮤얼 아브스만, 『지식의 반감기』, 책읽는수요일, 2014.

- 수 클리볼드, 『나는 가해자의 엄마입니다』, 반비, 2016.

- 스펜서 존슨, 『누가 내 치즈를 옮겼을까?』, 진명출판사, 2015.

- 엘머 타운즈, 『인물 중심의 종교교육사』, 대한예수교장로회총회교육부, 1984.
- 이상훈, 『Reform Church』, 교회성장연구소, 2017.
- 이숙경, 『신앙과 기독교교육』, 그리심, 2015.
- 이영희, 『침대머리 자녀교육』, 몽당연필, 2009.
- 이용규, 『같이 걷기』, 규장, 2014.
- 이혁규, 『한국의 교육 생태계』, 교육공동체벗, 2015.
- 임혁백, 『비동시성의 동시성』, 고려대학교출판부, 2014.
- 전교조참교육실천위원회, 『학교 붕괴』, 푸른나무, 1999.
- 정정숙, 『성경적 가정사역』, 베다니, 1994.
- 조지 M. 쉬레어, 『신학과 기독교 교육』, 대한기독교교육협회, 1976.
- 존 H. 웨스터호프 3세, 『교회의 신앙교육』, 대한기독교교육협회, 1985.
- 텐게 시로, 『살아갈 힘』, 오리진하우스, 2016.
- 티모시 폴 존스, 『가정 사역 패러다임 시프트』, 생명의말씀사, 2013.
- 파커 파머, 『가르침과 배움의 영성』, IVP, 2000.
- 파커 파머, 『삶이 내게 말을 걸어올 때』, 한문화, 2015.
- 현용수, 『잃어버린 지상 명령 쉐마 1』, 쉐마, 2006.

국외 도서

- C. B. Eavey, "History of Christian Education", Moody press, 1978.
- John Calvin, "Commentary on Genesis 1", Grand Rapids : Christian Classics Ethereal Library, 1996.
- Stuart Cummings-Bond, "The One-Eared Mickey Mouse", Youthworker, Fall 1989.